DRC 丛书主编·李 伟

研究丛书2013
国务院发展研究中心

人口倒挂地区社会管理研究

A Study of Public Administration in Areas Where Migrant Residents Outnumber Permanent Residents

金三林◎著

中国发展出版社
CHINA DEVELOPMENT PRESS

图书在版编目（CIP）数据

人口倒挂地区社会管理研究/金三林著. 北京：中国发展出版社，2013.6

（国务院发展研究中心研究丛书/李伟主编.2013）

ISBN 978-7-80234-965-0

Ⅰ.①人…　Ⅱ.①金…　Ⅲ.①流动人口—社会管理—研究—中国　Ⅳ.①D631.42

中国版本图书馆 CIP 数据核字（2013）第 124468 号

书　　名：人口倒挂地区社会管理研究
著作责任者：金三林
出 版 发 行：中国发展出版社
（北京市西城区百万庄大街 16 号 8 层　100037）
标 准 书 号：ISBN 978-7-80234-965-0
经　销　者：各地新华书店
印　刷　者：北京科信印刷有限公司
开　　本：700×1000mm　1/16
印　　张：13.25
字　　数：157 千字
版　　次：2013 年 6 月第 1 版
印　　次：2013 年 6 月第 1 次印刷
定　　价：35.00 元

联 系 电 话：（010）68990642　68990692
购 书 热 线：（010）68990682　68990686
网 络 订 购：http：//zgfzcbs.tmall.com//
网 购 电 话：（010）68990639　88333349
本 社 网 址：http：//www.develpress.com.cn
电 子 邮 件：fazhanreader@163.com

“人口倒挂地区社会管理研究”
课题组

课题组组长

金三林　国务院发展研究中心农村经济研究部　研究员

课题组成员

张江雪　北京师范大学经济与资源管理研究院　副教授

高　芸　中国农业科学院农业经济与发展研究所　助理研究员

朱贤强　国务院发展研究中心信息中心　助理研究员

吴　筱　国家人口计划生育委员会流动人口管理司　博士

总　序

深化体制改革　促进转型发展

国务院发展研究中心主任　李伟

党的十八大提出了到2020年全面建成小康社会的宏伟目标。届时，按不变价计算，城乡居民收入水平比2010年实现倍增。要实现这一宏伟目标，到2020年前，我国GDP年均增长速度需要略高于7%。如何在转变发展方式的基础上保持经济较快增长，实现全面建成小康社会的宏伟目标，对我们的工作提出了新的要求。

未来中国经济发展面临着全新的国际环境。全球金融危机爆发后，世界经济进入了大调整大转型时期。发达经济体难以在短期内恢复高速增长，世界经济进入低速增长新阶段。全球性产能过剩问题加剧，国际市场竞争更加激烈，贸易投资保护主义有所抬头。区域贸易安排取代多边贸易体系，成为贸易投资自由化的主要形式，发达国家正按照自身利益酝酿新的贸易投资规则。三大主要经济体同时采取宽松的货币政策，导致全球性流动性过剩，对国际资本流动、全球金融市场的稳定均产生巨大影响。能源供求结构与格局深刻变化。主要发达经济体在救助金融危机和刺激经济的同时，实施“再制造业化”战略，重视新兴产业发展，推动经济加速转型。国际环境的变化，蕴含着新的机遇与挑战，战略机遇期的内涵与条件发生了重要变化。

中国经济发展进入了新阶段。我国已经进入了中等收入国家的行列，潜在经济增长率将出现下降，经济增长动力正处于转换之中。我国比较优势也在发生深刻变化，以往支撑我国参与国际分工与竞争的低成本劳动力优势正在快速削弱，劳动密集型产品在国际市场上面临着日益激烈的挑战。

转变发展方式刻不容缓。依靠要素投入驱动的经济发展方式难以为继，不平衡、不协调、不可持续的矛盾日益尖锐。经济结构不合理的问题日益严重，影响社会和谐稳定的矛盾更加突出，产能过剩、房地产泡沫、地方融资平台蕴含的金融风险等问题不可忽视。年初华北地区大面积持续的雾霾天气，不仅突显了资源环境问题的严重性，更反映了转变发展方式的紧迫性。

既要转变发展方式，又要保持经济稳定增长，唯一的出路是深化体制改革。体制机制是决定经济发展方式的根本因素，老的体制机制决定了老的发展方式。要转变发展方式，必须要有一套新的体制机制，否则，转变发展方式只能是纸上谈兵。除此之外，抓住新的发展机遇，释放经济增长的潜力，同样需要进一步深化改革。

深化改革要坚持不断完善社会主义市场经济体制。深化改革的关键是处理好政府与市场、政府与社会的关系，要尽可能把市场与社会可以自行承担的职能交给市场和社会，要用体制机制用好、管好政府这只“看得见的手”，充分尊重市场这只“看不见的手”，真正发挥市场机制在资源配置中的基础性作用。

改革进入深水区，需要我们用极大的智慧与勇气推进改革。各种体制盘根错节，相互影响，牵一发而动全身，改革不能零打碎敲，必须做好改革的顶层设计，系统化推进。

国务院发展研究中心是直接为党中央国务院决策服务的政策研究咨询机构。我们始终坚持围绕中心、服务大局的方向，开展政策研究，将战略性、综合性、全局性和前瞻性的重大战略问题研究与对经济社会发展中的热点、难点、焦点问题研究有机结合，力争为党中央国务院决策提供“管用”的政策建议与解决方案。

2013年的“国务院发展研究中心研究丛书”共包括16本著作，是过去一两年我中心部分政策研究成果。《改革攻坚（上）——改革的重点领域与推进机制研究》和《改革攻坚（下）——推进经济体制重点领域改革研究》是对下一步经济体制改革的总体设计，是我中心重大课题研究成果。丛书中还收录了对特定领域改革的研究成果，如《稳定与完善农村基本经营制度研究》《利率市场化改革研究》。关于转型发展方面的研究成果则包括：《中国制造业创新与升级——路径、机制与政策》《中国企业转型发展调查研究》《要素成本上涨对中国制造业的影响及相关政策研究》《大调整时代的世界经济》《全球农业战略：基于全球视野的中国粮食安全框架》《完善城镇化进程中的社会政策》《人口倒挂地区社会管理研究》等。针对经济社会发展中的热点问题，丛书重点收录了建立房地产市场调控长效机制的研究成果，包括《中国住房市场：调控与政策》《土地供应制度对房地产市场影响研究》。另外，丛书还收录了关于经济社会发展中一些新趋势、新问题的研究，如《中国云计算应用的经济效应与战略对策》《中国场外股权交易市场：发展与创新》《中国中长期负债能力与系统性风险研究》。

我们正在着力建设“一流智库”，不断提高政策研究的水平与质量。尽管如此，丛书中收录的研究成果，可能还存在种种不足，希望读者朋友不吝赐教，提出宝贵意见与建议，帮助我们不断改进。我衷心希望，社会各界都能够关心支持政策研究与咨询工作，为实现中华民族伟大复兴的“中国梦”，不断作出新贡献。

2013 年 6 月 3 日

内容提要

Introduction

近年来，我国群体性事件呈多发趋势，欠薪、拆迁、征地等群体性事件仍然频发，同时，以流动人口为主体的群体性事件逐步增多，对社会管理提出新的挑战。特别是2011年发生在广东省广州市的“6·11增城事件”以及浙江省湖州市的“10·26织里事件”，规模大，破坏性大，受到国内外舆论的高度关注。

为深入了解人口倒挂地区流动人口生活状况和利益诉求，分析流动人口群体性事件产生的根源，课题组先后对广州增城市、安徽安庆市和铜陵市、山东德州市、浙江湖州市做了实地调研，并对全国7个城市、21个人口倒挂区（县）的5557户家庭开展了问卷调查。从调研和调查情况来看，倒挂地区流动人口流动跨度大、流动频率高，举家迁徙比重高，就业主要集中在二、三产业的低薪、低技能行业，收入水平相对较低，在流入地享受的公共服务水平低，融入当地的意愿强烈，但是社会参与度低。

从调研情况来看，人口倒挂地区有一些共同特点：一是人口倒挂，外来人口大大多于本地人口；二是外来人口呈乡缘集聚；三是基层社会管理力量薄弱；四是社会高度分化，各种社会矛盾叠加；五是以低端劳动密集型产业为主，产业结构单一；六是地方政府都存在产业转型升级的压力，相关政策对流动人口利益产生较大影响。

“增城”和“织里”两起群体性事件具有以下共同特征：一是参与事件的流动人口均有类似的行动逻辑；二是都存在导致参与人数迅速上升的节点性事件；三是基层政府公信力下降，权威信息“失语”；四是乡缘集聚和现代化的通信手段加速了人员的参与；五是事件进展都存在回波现象。

这些群体性事件虽然是由税收征管等偶发事件引发的，根源却在于长期积累的经济社会矛盾，可归结为管理、社会、经济三个层面。从管理层面看，政府社会管理意识和管理能力不强，流动人口管理体制不健全，基层社会管理和服务体系建设滞后，矛盾不能得到及时有效化解，这是流动人口各类问题产生的直接原因。从社会层面看，流动人口在城镇落户定居难，教育、医疗、就业等公共服务缺乏，缺乏制度化的利益表达渠道，长期感觉没有得到公平待遇，这是流动人口各类矛盾和问题产生的深层次原因。从经济层面看，流动人口和户籍人口贫富差距大，外来经营者和本地经营者对生产要素和产品市场的竞争激烈，外来人口和本地居民对公共资源的竞争激烈，这是流动人口各类矛盾和问题产生的经济根源。

为进一步加强倒挂区流动人口服务管理，必须进一步完善公共服务体系，实现流动人口公共服务全覆盖；加快流动人口市民化进程；创新社会治理机制，畅通流动人口利益表达渠道；把本地产业升级与鼓励农民工返乡就业创业结合起来，逐步分散流动人口；建立适应流动人口市民化趋势的公共财政分担机制；加强社会管理工作，强化流入地政府和流出地政府之间的协作。

目　录
Contents

上篇　综合研究

中篇　专题研究

下篇　案例研究

上篇

综合研究

第一章

研究背景及文献综述

一、研究背景

近年来，我国群体性事件呈多发趋势，在欠薪、拆迁、征地等群体性事件仍然频发的同时，以流动人口为主体的群体性事件逐步增多，对社会管理提出了新的挑战。特别是2011年发生在广东省广州市的“6·11增城事件”以及浙江省湖州市的“10·26织里事件”，规模大，破坏性大，受到国内外舆论的高度关注。其中，“6·11增城事件”是由增城市新塘镇大敦村治保会工作人员与四川籍务工孕妇发生冲突而引发，以四川籍务工人员为主的群体性事件，参与者有数千人；“10·26织里事件”是由湖州市织里镇税收代征人员与安徽安庆籍童装加工业主发生冲突而引发，以安庆籍务工人员为主的群体性事件，参与者过万人。这两起事件发生后，中央和两省各级政府高度重视，中央提出要加强流动人口服务管理政策研究，广东省和浙江省也以事件爆发地为重点加强流动人口社会管理工作。可以说，这两起事件有可能像当年的“孙志刚事件”一样，对推动社会管理工作具有里程碑意义。

这两起事件具有以下共同特征：一是事件发生的偶然性与内在必然性共存；二是参与者情绪对抗性与行为泄愤性增强；三是诉求多元性与矛盾复杂性交织。就整起事件而言，事先没有任何征兆，过程中也没有明显的组织者和操纵者。事件表面原因是税收征管等偶发事件引起，但背后的主要原因却是长期积累的矛盾集中爆发，不仅有外来务工人员与当地政府的冲突，也有外来务工人员与本地居民的冲突。

从这两起事件的爆发地来看，也具有一些共同的特点：一是人口倒挂，外来人口大大多于本地人口。如织里镇本地户籍人口10万人左右，外来务工人员却在20万人以上；新塘镇本地户籍人口约22万人，外来务工人员达50万人（其中，事件初始爆发地大敦村外来人口与本地人口比是80000:7000）。二是外来人口呈乡缘集聚。如织里镇以安徽安庆籍务工经商人员为主，新塘镇以四川籍务工经商人员为主，这种乡缘集聚极易抱团形成一呼百应的力量。三是基层社会管理力量薄弱。如新塘镇大敦村常住人口近9万人，但村委会只有9名正式工作人员，没有工商、城管、卫生、消防、税务等相应的职能部门，仅有一个大敦派出所，40名治安队包揽一切，是典型的“小马拉大车”。四是社会高度分化，各种社会矛盾叠加。本地企业主、本地居民、外地企业主、外地务工人员各自形成不同的阶层，地方政府重经济建设、轻社会管理，重户籍人口服务、轻外来人口服务，各阶层的矛盾错综复杂。五是以低端劳动密集型产业为主，产业结构单一。市场同质化严重，本地企业主和外地企业主之间存在恶性竞争。六是地方政府都存在产业转型升级的压力，出台的政策措施对低端产业及其从业人员产生较大影响。

从全国来看，人口倒挂镇（村）在沿海地区和中西部大城市郊区普遍存在，是城镇化的基本形态之一。如广东省现有“人口倒挂村”1708个，涉及流动人口1584.3万人，占全省流动人口的57.1%；“同乡村”294个，涉及流动人口243.4万人，占全省流动人口的8.8%。如果说流动人口是我国今后一个时期社会管理的重点人群，那么这些人口倒挂镇（村）就是社会管理的重点地区。特别是一些类似织里、新塘这样的人口严重倒挂镇（村），将是今后一个时期我国群体性事件的高发地区，是社会矛盾的爆发点，也是社会管理的重点和难点。对这两起事件和两个镇进行深入剖析，研究事件的共性特点和事件背后的深层次原因，对于完善流动人口服务管理政策，加强和创新社会管理，促进城镇化健康发展都具有重大的现实意义。

二、文献综述

随着工业化和城镇化的推进，大批农业户籍人口转移至城市和二、三产业发达地区就业居住。由于现行人口管理体制的限制，这些人成为流动人口。2011年中国流动人口达到2.3亿，占全国总人口的17%，未来20年，还将有3亿农村人口进入城镇（王谦，2013）。因此，深入研究流动人口与流动地社会经济的融合，特别是人口倒挂地区当地人与外来人口的融合，对从源头上控制群体性事件、促进社会管理创新具有重大现实意义。

西方国家关于社会管理的理论较为成熟，20世纪中期以来，具有重大影响的社会管理理论有如下几个。

（1）福利国家理论。代表作为贝弗里奇向英国内阁提交的《社会保险及相关服务报告》，正式提出“福利国家”。

（2）“第三条道路”理论。其根本出发点是要在新自由主义或者说“老派社会民主主义”和新保守主义之间走出一条新的发展道路，所以称为“第三条道路”（李军鹏，2005）。该理论主张在公共部门和私人部门之间建立一种协作机制，在最大限度地利用市场的动力机制的同时，把公共利益作为一项重要的因素加以考虑。倡导一种积极的福利（positive welfare），主张用“社会投资国家”（social investment state）的概念取代“福利国家”，在可能的情况下尽量在人力资本上投资，而最好不要直接提供经济资助，它主张动态看待平等问题，强调机会均等（安东尼·吉登斯，2000）。

（3）“新公共管理”理论，其“新”是相对于以马科斯·韦伯的官僚制理论为基础的传统公共管理而言的，其基本内容是：以顾客为导向，奉行顾客至上的全新价值理念；治道变革，政府职能由“划桨”转为“掌舵”；公共管理中引入竞争机制；重视效率追求；改造公务员制度；创建有事业心和有预见的政府。它关注管理者和被管理者的关系，而不只是管理者本身；它重视政府在公共管理中的作用，但政府不再被认为是唯一的管理主体；它本质上仍然是统治手段，但却强调政府与民间公共部门和私人部门之间的合作与互动等（王长江，2005）。

（4）治理理论。其基本内涵是指官方或民间的公共管理组织在一个既定的范围内运用权威维持秩序，满足公众的需要。治理的目的是在各种不同的制度关系中运用权力去引导、控制和规范公民的各种活动，以最大限度的增进公共利益，由此治理是一种公共管理活动和公共管理过程，它包括必要的公共权威、管埋规则、治埋机制和治理方式（俞可平，2002）。

从西方国家社会管理的实践和理论来看，社会管理本身是随着经济社会的发展而发展的。进入21世纪以来，面对经济形势、社会结构、民众利益诉求等变化，发达国家的社会管理呈现出新的变化趋势，包括多元化、分散化和私有化，法制化和规范化，政府理念企业化、科技化、信息化等（马国芳、何润宝，2010）。

在我国，社会管理作为一个相对独立的概念以及所涵盖的知识体系，形成于20世纪80年代初期（刘瑞、武少俊、王玉清，2005）。20世纪后期，学界关于社会管理的研究主要以介绍国外社会管理理论为主，进入21世纪后，国内系统研究社会管理理论的文献明显增多，代表性著作有丁元竹的《社会发展管理》（2006）、黄舜的《中国社会管理研究》（2007）、俞可平的《推进社会管理体制的改革创新》（2007）、丁元竹的《中国社会管理的理论建构》（2008）等。这些文献界定了社会管理的定义和内容，探索了政府社会管理职能的履行方式，探讨了政府在社会管理中的角色，讨论了社会管理的范围等，但不同研究的观点分歧较大。胡锦涛总书记在2011年省部级主要领导干部社会管理及其创新专题研讨班上的讲话，对社会管理的目标、内涵、任务做了系统阐述，也使“社会管理”在政策语言上有了特定的含义。

总体来看，国内对于人口倒挂区社会管理的相关研究大部分只涉及社会管理的某个方面，多是采用案例研究的方法，对一些典型的发达地区的倒挂社区或乡镇进行剖析，重点分析社会管理改善人口倒挂地区的治安环境、人居环境以及部分公共服务，但权益保护、文化隔离、社会融合等深层次内容较少涉及，缺乏全面系统的研究。如高健（2010）调查北京大兴区几个倒挂村庄的社会管理创新——社区管理，主要是从维稳角度加强倒挂村社区配套项目和农村社会公共服务设施。

人口倒挂地区不同于一般的城镇或者流动人口聚集区，在当前二元结构体制没有根本突破的情况下，社会矛盾容易积聚并酿成群体性事件。

美国学者帕克最早提出“群体性事件”的概念，他以社会学为研究视角，把群体性事件称做由诸多个体行为集合而成的“集合行为”，该行为往往是在集体的影响和刺激下发生的，蕴藏于集体中的共同思想信念实际上就是集体的巨大情绪冲动。戴维·波普诺（1988）将群体性事件称为“集群行为”，即那些在相对自发的、无组织的和不稳定的情况下，因为某种普遍的影响和鼓舞而发生的行为。查尔斯·蒂利认为人们为了表达自己的政治态度而采取的一种普遍方式的集体行为就可以被称做是“群体性事件”。

针对群体性事件的诱因，早期西方学者多是从社会心理学角度研究。法国学者勒庞被认为是集体行动研究的第一人，他将集体行为归结于人们情绪感染的结果，集体行为过程中，群体有意识的人格逐渐消失，无意识的人格将逐渐占据主导地位。个人的文明程度在集群中会不断下降，自我控制逐渐减弱，理性的思考将会慢慢消失，在这种强烈感染的作用之下，个人会被卷入狂乱中，甚至失去理智。在此基础之上，美国学者斯梅尔塞（Neil Smelser）从社会学角度研究集体行动，他认为结构性怨恨、结构性诱因、突发性事件、一般化信念、有效的动员、社会控制能力的下降是所有集体行动的产生必须要依赖的六个因素。斯梅尔塞特别提出社会结构之所以出现断裂，各种各样的紧张因素之所以不断增多，都是由于急剧变迁的社会结构所致。美国学者格尔的“相对剥夺论”将群体性事件的发生原因归结为不断增多的群体参与人员的相对剥夺感，相对剥夺感具体是指实际得到的价值满足与远远低于个人期望得到的价值满足而产生的差距感受。该理论强调享有最少权利的人群更加容易发生集合行为。斯米尔塞的“价值累加理论”认为“集体行为实质上是人们在受到威胁、紧张等压力时，为改变自身的处境而进行的努力。所有的集体行为都是由多种因素相互作用产生的，某一个因素的出现也许不足以出现群体性事件，但当多个因素出现时，它们的价值就会被放大，群体性行为出现的可能性亦大大增强”。价值累加理论所提出的集体行为“充分且必要条件”包括环境条件、结构性压力、普遍情绪的产生或共同信念的形成、诱发因素、行动动员和社会控制力。

随着人们对集体行动认识的逐步加深，愈来愈多的学者倡导要以理性选择范式对集体行动进行再研究，政治社会学和经济学色彩越来越容易体现在集体行动的研究途径之中，而不再过度依赖于社会心理学，于是资源动员理论和政治过程理论应运而生。奥伯肖尔是资源动员理论的重要代表。他以个体为单位，系统研究了个体的成本和收益计算在嵌入群体和组织这样一个情景下的具体表现，还包括微动员问题等。梯利和麦克亚当的理论被视为政治过程理论的经典代表。他们认为国家就是一个政体，政体中除了有政体内成员，还有政体外成员；政府和一般成员属于政体内成员；一般成员的作用主要是通过常规的、低成本的渠道对政府施加影响，从而影响决策过程；但是政体外成员能在潜移默化中影响着某种政体，即便这种影响很难被发现；在这种情况下，为了增加自身的影响力，改变现状，政体外成员一方面想要想方设法进入政体，另一方面想着怎样才能打破原有政体，不难理解，此时就出现了集体行动、社会运动，甚至是革命。与梯利的理论不同，麦克亚当的理论强调的是集体行动受到由社会变化而导致的现存政治权力结构变化的严重影响。他指出，社会变化导致两种寄存政治权力结构发生变化，一个是政治机会的拓展，另一个则是社会组织力量的增强。

国内关于“群体性事件”概念的界定主要有三种代表性观点。

（1）将群体性事件表述为“群体性治安事件”。在2000年4月公安部颁布的《公安机关处置群体性治安事件规定》第二条中明确指出：本规定所称群体性治安事件，是指聚众共同实施的违反国家法律、法规、规章，扰乱社会秩序，危害公共安全，侵犯公民人身安全和公私财产安全的行为。主要包括人数较多的非法集会、游行、示威在内的10种行为。但在2008年12月公安部新修订的《公安机关处置群体性事件规定》中不再用“群体性治安事件”一词，而统称“群体性事件”，同时也未对群体性事件做明确的界定。

（2）将群体性事件表述为“群体性突发事件”，即由人民内部矛盾和纠纷所引起的部分公众参与的对社会秩序和社会基本价值产生严重威胁的事件（中国行政管理学会课题组，2009）。

（3）将群体性事件表述为“广义群体性事件”，即群体性事件是指信念或利益趋同的民众，为表明主张、宣泄情绪、扩大影响、实现目标所采取的集体行动（王天敏，2005）。

虽然关于群体性事件的概念理解的视角有所差别，但是有共同的特征：①属于人民内部矛盾；②对正常的社会生产生活秩序产生了干扰；③参与人数较多，属于集体行动；④采取的行为在既定制度或者法律之外。

对于导致群体性事件的原因，国内学者的研究主要从多维度视角和我国经济社会转型过程中积累的矛盾进行论述。陈丽华（2002）将引发群体性事件的原因区分为社会因素、内在因素、外在因素、直接因素。其中，现代化过程中蕴含的不稳定因素是社会因素，改革触及社会各阶层或群体的既得利益是内在因素，国内外错综复杂的形势则是外在因素，一些地方的经济不景气则是引发群体性突发事件的直接因素，人们组织群体性事件宣泄不满情绪的直接导火索则归因于权力制约机制不足导致的吏治腐败。

李一平（2002）对群体性突发事件产生的社会根源、政治因素、文化因素、体制因素进行了分析，认为社会转型引发的矛盾是突发性群体事件产生的基础性根源。吴静波、段兴权（2002）认为社会转型过程中，人们收入差距拉大；改革措施不配套，政策落实不力；官僚主义作风严重，法制建设缓慢，缺乏应有的依法处理问题的环境以及国内外一些别有用心的人的煽动挑拨是事件发生的主要原因。王郅强（2004）通过比较不同类别的群体性突发事件，认为转型期城市中的群体性突发事件的发生主要归于国有企业的改制、社会保障问题、房屋强拆、工程建设质量问题、行业部门损害群众利益的决定等，此外在分析了干部的腐败、群众维权意识观念不强、决策失误也是城市中群体性突发事件增多的原因。吴沙（2004）通过对广州市情况的分析，认为群体性突发事件发生主要是因为征地拆迁、房地产纠纷、劳资纠纷、农村宗族纠纷等导致。钟玉明、郭奔胜（2004）通过对粤、沪、苏等发达地区社会矛盾的调查，得出“无直接利益冲突”的群体性突发事件所占比重不少，也就是指社会冲突的众多参与群众与事件本身无关，往往是由于群众遭受过不公平对待，长期积累下不满情绪，借群体性事件之机发泄不满情绪。

陈福今、唐铁汉等（2006）编写的《公共危机管理》一书对群体性突发事件产生的原因做出了全面的总结，对群体性突发事件的主要诱因进行了如下归纳：①体制转轨过程中利益和结构调整；②社会深层次矛盾日益凸显并有激化的趋势；③不法违规行为；④一些基层组织软弱涣散；⑤一些地方领导政策观念不强；⑥一些领导干部群众观念淡薄和严重的腐败问题；⑦部分群众思想观念滞后，不法之徒和一些别有用心的敌对分子的煽动操纵等七个方面。

梳理相关文献可以发现，虽然没有专门针对人口倒挂地区发生群体性事件的研究，但分析处于转型阶段人口倒挂区特有的诸多社会经济特征，可以发现很多特征都吻合文献中诱发群体性事件的因素。因此，分析人口倒挂区的社会经济特征，可以从这些特征出发加强社会管理，有效地促进社会融合。

社会融合是个体和个体之间、不同群体之间或不同文化之间互相配合、互相适应的过程，并以构筑良性和谐的社会为目标（任远，2006）。移民社会学认为融合有四个维度，即文化适应（社会化，掌握语言和文化知识）、安置（公民获得权利和相关社会资本）、互动（建立民族间网络和关系）、认同（个人对社会的认同）（H. Esser）。流动人口作为外来人口进入城市或者聚集地后如何实现与城市或者当地生活融合，是保持人口倒挂地区和谐稳定的根本。西方对外来移民与主流社会关系融合的理论探讨，基本可以分为同化论和多元文化论两大流派（李明欢，2000）。同化论认为跨境移民在接受国一般要经历定居、适应和同化三个阶段，主要是指移民完全被当地生活方式和文化价值等所同化；而多元文化论则认为，移民用其不同文化背景、不同社会经历和价值观念重新塑造其生活的地点，并有助于建构多元化的社会和经济秩序。

流动人口融入城市的条件包括在城市有稳定的职业、职业带来的收入和社会地位能使其与当地居民发生交往、在当地生活和交往过程中逐步形成共同的观念，即流动人口社会融合包括经济层面、社会层面以及心理层面（田凯，1995）。朱力（2002）认为上述三个层面是依次递进的，只有三个层面均实现，才能算做完全融入城市社会。

关于制约流动人口与城市融合的因素，国内学者从经济学、社会学、政治学等角度进行了广泛论述。归纳起来，主要包括社会资本、社会排斥、人力资本和劳动力市场状况。

社会资本是从嵌入于社会网络的资源中获得，并植根于社会网络和社会关系中。彭庆恩（1996）、王春光（1999）、项飚（2000）、周敏（2004）分别通过对农民工中“包工头”、巴黎“温州城”、北京“浙江村”、纽约唐人街的研究发现，社会资本或者是社会网络在这些外来群体融入当地社会中起到了重要作用。对于农民工而言，传统的以血缘和地缘关系为核心的初级关系并没有因为进入城市而发生改变（曹子玮，2003；李培林，1996），但是这种以初级群体为基础的社会网络在经济上和精神上的支持能使刚进城的农民工很快适应环境，在一定程度上防止其沦为城市化失败者，在另一方面却强化了农民工生存的亚社会生态环境，保护了农民工身上所具有的传统观念和小农意识，阻碍了其对城市的认同与归属（朱力，2002）。规模小、紧密度高、趋同性强、异质性低是流动人口社会网络的主要特点（王毅杰等，2004）。因此，构建农民工社会资本的积累和形成机制，改善农民社会资本匮乏和质量低下的状况，是促使农民工更好融入城市生活的重要途径（刘传江等，2004）。

社会排斥既包括制度性排斥又包括文化排斥。制度性排斥最突出的是户籍制度，被认为是一种“社会屏蔽”制度，即将一部分人屏蔽在城市公共社会资源之外（李强，2002）。制度性排斥的原因既与既得利益群体不愿意改变现有利益的格局有关，也与流动人口缺乏参与制定制度的权利有关。城市人口没有形成任何稳定的可依托的现代意义上的自治社团，缺乏充当利益表达的工具，没有代表他们的合法民意代表（潘泽泉，2004）。文化排斥包括偏见和歧视等。

朱力（2001）把市民对农民工的歧视行为概括为语言轻蔑、有意回避、职业排斥和人格侮辱。文化排斥的根本原因在于长期以来城乡二元格局的资源占有差异（朱力，2001）。李强（1995）认为更深层次的原因在于长期的城乡分割体制造成市民与农民缺少沟通和社会文化生活背景的差异。

贝克尔提出，如果移民进入的是一个公开竞争的市场，则他们在迁入国的经济成就将主要取决于其人力资本水平。姚先国（2003）的调查分析表明，职业培训对流动人口成为生产工人或从事服务业有显著影响，增加人力资本也会对流动人口向上流动和职业发展产生积极影响，从而有利于社会融合。

我国劳动力市场存在明显的分割，流动人口大多在次级劳动力市场就业（李强，2000），次级劳动力市场的特点决定流动人口工作的不稳定性明显要高于正规劳动力市场就业人员。流动人口不稳定的就业状况会导致人们被社会排斥，排斥的可能性随着就业的不稳定性的上升而增大（曾群，2004）。可见，流动人口遭受到的劳动力市场的内部排斥也引发了其他维度的社会排斥。

任远、邬民乐（2006）通过对上述文献总结得出四方面的基本结论：第一，移民过程中的每一个环节都受到移民社会资本或社会网络的影响，社会资本影响着流动人口在城市的生活、发展和融合；第二，以户籍制度为依托的流动人口管理制度，以及一系列与户口相关的社会福利制度对流动人口的限制与排斥，对流动人口的社会融合有着根本性的影响；第三，教育、培训以及工作经历，是流动人口人力资本积累的重要方式，并促进其社会融合；第四，流动人口在劳动力市场的地位和处境，是他们社会融合状况的表现，也影响其社会融合的能力。

国内学者对如何促进流动人口的社会融合进行了大量研究，大部分学者主张同化论，即主要是以政府为主体，积极推进公共服务均等化，逐步消除户籍等制度性排斥，淡化市民与流动人口的差别，最终将流动人口变为市民。如丛梅（2012）认为应当针对流动人口状况，由政府建立梯度累进制，即根据流动人口在当地务工年限、职业的稳定性、是否拥有合法住所等参考指标，建立梯度累进的公共服务获得机制，使其待遇逐步改善，直至成为市民。刘谦（2010）提出我国应当构建服务与管理并重的流动人口社会管理体制，以适应城市外来务工人员向产业工人和市民转变的客观需要。

三、课题研究开展情况

课题立项以后，课题组先后对广州增城市、安徽安庆市和铜陵市、山东德州市做了实地调研，特别是重点了解了增城事件和治理事件的经过，深入了解群体性事件参与者何时、因何、如何参与和退出群体性事件，归纳群体性事件从诱发期、酝酿动员期、聚集对抗期和平息恢复期的各个特征和节点事件。课题组还与国家人口计生委流动人口管理司联合召开了湖北武汉、江苏苏州、上海松江、陕西西安等 7 个城市的流动人口社会融合问题座谈会，与地方主管部门一起讨论流动人口集聚地区的社会管理问题。

在国家人口计生委流动人口管理司的资助和支持下，课题组通过流动人口管理司的全国流动人口调查系统，选择了北京市、上海市、广州市、湖州市、苏州市、青岛市、德州市共 7 个城市的 21 个人口倒挂区（县）作为调查样本，对 5557 户家庭开展了问卷调查，了解流动人口在流入地获得公共服务的状况和质量，调查流动人口诉求以及在流入地的生活质量和心理感受。样本分布情况是：北京市 360 份，德州市 40 份，广州市 1040 份，湖州市 320 份，青岛市 1557 份，上海市 1000 份，苏州市 1240 份。问卷调查结果为课题分析工作提供了第一手的信息，使研究成果更具有科学性。

第二章

人口倒挂地区流动人口基本特征

通过课题组2012年的调查，并结合其他调查结果来看，人口倒挂地区流动人口具有以下主要特点。

一、总体特征

倒挂地区流动人口文化程度以初中为主，流动跨度大，流动频率高，举家迁徙比重高。其中，农村户籍人口占总调查人口的84.2%。"80后"和"70后"是流动人口的主要组成，分别占42.4%和32.9%。流动人口文化程度以初中为主，占52.1%；高中文化程度占15.6%；中专及以上文化程度占20.2%。跨省流动占65.2%，省内跨市流动占30.8%，市内跨县流动仅占4%。但人员流动距离与居住时间呈反向关联，即流动距离越远则流动人员在现居地居住时间越短，跨省流动人口中在现居地居住不足1年的占31%，市内跨县流动人口中有44.5%在现居地居住1~4年，居住满5年的占18.6%。60.5%的"90后"流动人口在调查时现居地居住时间不足1年，"80后"和

“70 后”在现居地居住时间不足 1 年的比例明显降低，分别为 36.6% 和 20.8%，说明流动人口在青年时期处于行业选择和工作经验积累时期，工作和居住地流动频率大。被调查的流动人口中，携带配偶外出的占 73.4%，携带子女外出的占 59.3%（见表 1）。

表 1　倒挂地区流动人口流动范围与居住时间　单位：人

观测值/占比		在本地居住时间				合计
		1 年以下	1～4 年	5～9 年	10 年以上	
本次流动范围	跨省流动	1124	1042	889	570	3625
		31.0%	28.7%	24.5%	15.7%	100.0%
	省内跨市	639	600	310	163	1712
		37.3%	35.0%	18.1%	9.5%	100.0%
	市内跨县	46	98	41	35	220
		20.9%	44.5%	18.6%	15.9%	100.0%
合　计		1809	1740	1240	768	5557
		32.6%	31.3%	22.3%	13.8%	100.0%

二、收入和消费水平相对较低

被调查的每户家庭月平均收入为 6003.5 元，按照调查家庭的平均人口为 3.3 人折算，调查家庭的人均月收入为 1819.2 元，相当于全国流动人口平均收入水平（2253 元）的 80.7%①。家庭月收入集中在 3000～5000 元和 5000～10000 元两个档次，分别占 35.8% 和 30.4%；低收入家庭（月收入在 3000 元以内）占调查家庭的 9.6%，高收入家庭（月收入超过 1 万元）占 12.4%。家庭每月平均支出 2688.7 元，

① 流动人口的平均收入水平为 2011 年数据，该数据来源于《中国流动人口发展报告 2012》。

折算成人均月支出为814.8元，相当于全国流动人口人均消费月支出（1029元）的79.2%。其中每月平均住房支出392.4元，占总支出的14.6%；每月平均食品支出1450元，占53.9%，高于全国流动人口人均食品支出（493元）的占比（47.9%）（见图1）。每户家庭平均每年寄回或带回老家的钱（物）约合6828.2元，其中1000元以内的占34.8%，1000～5000元的占29.9%，5000元以上的占35.3%。考虑到部分流动人口每年工作10～11个月，往返老家以及寄回老家的钱（物），调查家庭的平均人口为3.3人，估算人均年收入应在11000～14000元，收入水平居于农村居民①和城镇居民②收入水平之间，低于城镇居民36%～50%。

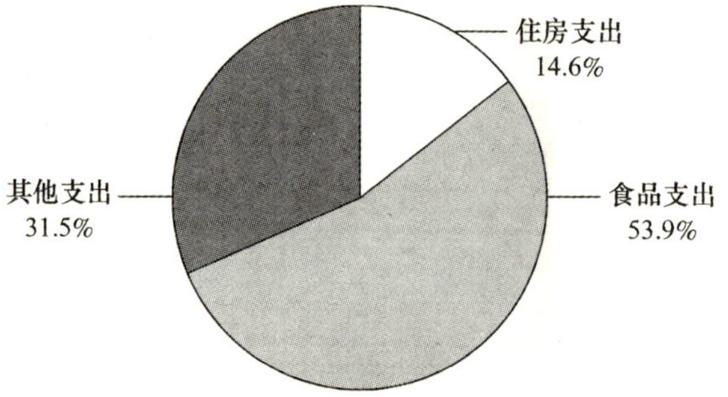

图1　流动人口家庭月度支出构成

倒挂地区流动人口在异地就业，大幅度增加了其现金收入，但生活成本特别是食品支出的比例高，流动人口恩格尔系数为53.9%，高于全国流动人口平均恩格尔系数（47.9%），也高于2011年农村和城镇家庭恩格尔系数③，说明流动人口还处于温饱生活水平，同时流动人口在衣着、住房、耐用消费品等其他商品上的购买能力不足。

---

① 2011年农村居民家庭人均纯收入为69773元。

② 2011年城镇居民家庭人均可支配收入为21809.8元。

③ 2011年农村和城镇家庭恩格尔系数分别为40.4%和36.3%。

三、人力资本水平总体较低，城乡流动人口差异较大

调查表明，倒挂地区流动人口就业集中在二、三产业的低薪、低技能行业。从被调查人上月收入的统计来看，学历与月收入呈正向关联，说明学历仍是我国劳动力市场薪酬支付水平以及求职者薪酬期望的主要因素。在我国产业结构优化、转型的大背景下，流动人口的文化知识水平与产业升级和设备更新改造的人才需求不匹配。许多流动人口从事计件、生产线工作，“干中学”或“熟练工”类型的经验积累对生产效率的提高贡献极其有限（见表2）。从图2中可以看出，虽然不同学历流动人口在刚进入劳动力市场时工资收入差别不大，但中专及其以上学历流动人口随着工作经验的积累，工资收入不断增加；而高中及以下学历流动人口在40岁以后体力和精力衰退，工资收入下降。

表2　各年龄阶段流动人口月收入

年龄区间	平均月收入
43岁以上	3030元
33~42岁	3237元
23~32岁	2904元
23岁以下	2017元

注：本调查中流动人口月收入指调查试点被调查人上月月收入。

从不同户籍性质流动人口学历程度分布情况看，农村户籍流动人口整体文化水平低于城镇户籍。城镇户籍流动人口以大学及其以上学

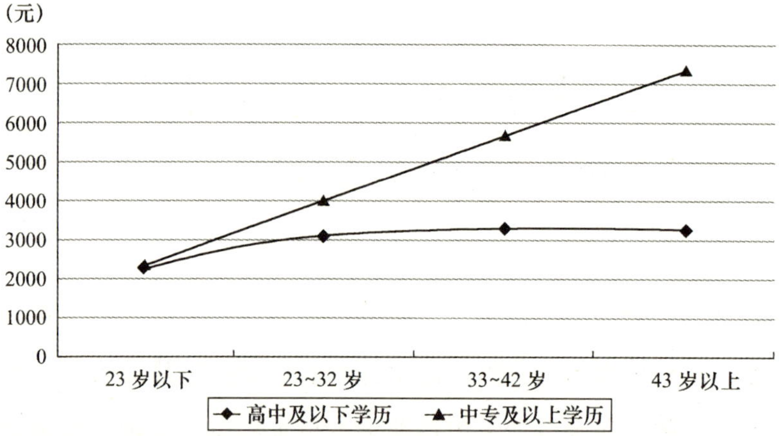

图 2　各年龄阶段不同学历程度流动人口月收入变化趋势

历为主（见图3）。流动人口中特别是农村户籍人口由于城乡教育资源和质量的差异，缺乏提升自身技能和知识水平所需的时间、精力、资金投入以及就业指导，因此人力资本提升面临瓶颈。

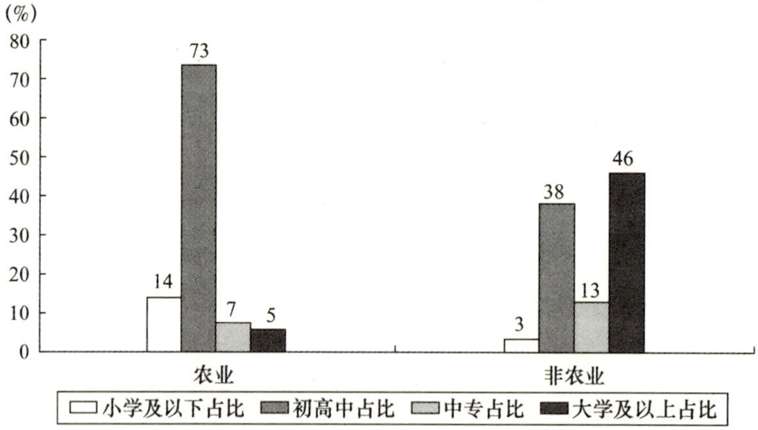

图 3　不同户籍性质流动人口学历程度分布

四、就业以低端行业为主，自营比例相对较高

倒挂地区流动人口就业行业集中在服务业和制造业，主要从事商

贩、餐饮、家政、保洁、保安、装修、生产、运输、建筑等职业。以雇员身份就业比例最高，占67.7%，其次是自营劳动者，占8.8%，雇主和家庭帮工比例很小。这与流动人口的就业身份表现基本一致，二者的比例分别是66.2%、25.8%（见图4）。

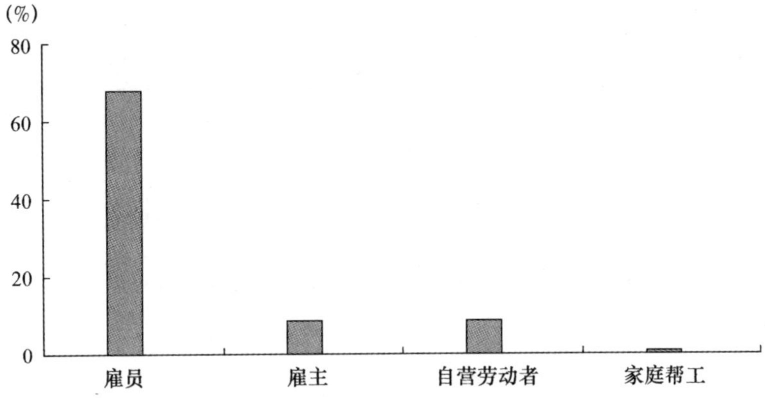

图4　流动人口就业身份构成

与全国流动人口总体情况相比，人口倒挂区流动人口就业有两个鲜明的特征：一是自营比重较高，接近9%，比全国平均水平高约4个百分点；二是家庭或家族作坊（微小企业或个体工商户）数量较多，一家人或亲戚朋友、老乡在一个作坊里就业，经济利益和血缘关系、亲缘关系相互交织，而且同乡作坊间的联系密切，形成高度一致的利益共同体。

倒挂地区流动人口工作强度高，被调查流动人口平均每周工作6天，每周工作6天以上（不包括6天）的占42.4%；平均每天工作时间9小时，低于全国流动人口的平均水平（平均每周工作54.6小时）。倒挂地区每天工作8小时以上（不包括8小时）的占59.4%。高强度工作限制了流动人口从事业余爱好的时间和精力，长期处于高强度工作状态，业余生活乏味（见表3）。

表3 流动人口业余爱好与习惯

爱好与习惯	占被调查人数比例	习惯/爱好程度（平均值）
看电视/电影/录像	88.8%	10小时/周
玩棋牌/麻将/电脑游戏	30.8%	7小时/周
上网浏览/通讯	45.4%	7小时/周
参加文艺/体育活动	16.7%	4小时/周
读书/看报/学习	49.2%	5小时/周

五、基本公共服务水平总体较低，不同项目覆盖情况差异较大

调查显示，倒挂地区流动人口中有28%的农业户籍和51%的非农业户籍流动人口享有城镇职工医疗保险；在对医疗报销作答的1756人中，有60%采取付费时直接减免的方式。由于流动人口整体年龄集中在18~45岁，廉租房、经济适用房以及子女入学是他们最迫切的公共服务，但由于各地公共服务资源和常住人口的配比不同，流动人口享受租、买房优惠和子女入学的比例和服务质量都不高。以流动人口子女义务教育为例，被调查家庭中在居住地公立小学就读占跟随父母在当地就读小学人数的比例为78.1%，有7.6%的孩子在打工子弟小学就读（见图5）。而廉租房福利的覆盖比例则更低，仅有1.8%的家庭享受了政府提供的廉租房福利，有5%的家庭居住在就业场所或其他非正规居所，绝大多数流动人口（约60.5%）在租住私有住房中，自购房的比例为15.8%。目前，户籍身份仍是获得众多公共服务和福利待遇的识别条件，因此流动人口在流入地享受基本公共服务的比例和质量都有待提高。

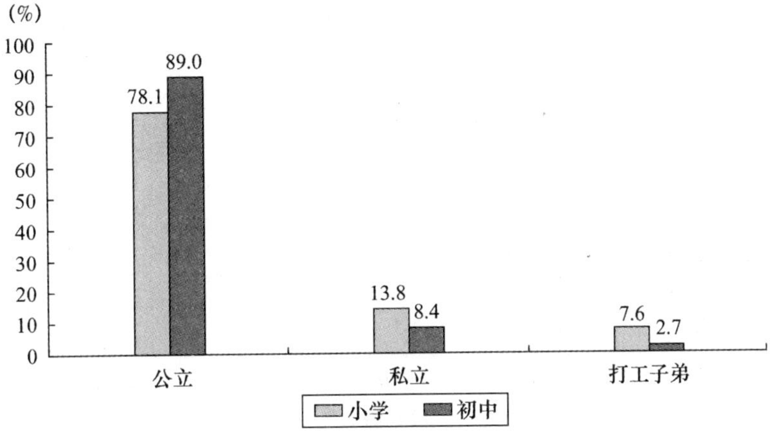

图5　在居住地参加活动情况

六、流动人口融入本地的意愿强烈，总体幸福水平较高

调查显示，有97.5%的流动人口表示“喜欢现在居住的城市”，95.7%的人“关注现在居住城市的变化”，92.4%的人“愿意融入本地人当中，成为其中一员”。63.9%的人打算在当地长期居住5年以上。与老家相比，60.9%的人感觉在流入地幸福，37.1%的人感觉一般，仅有2%的人感觉不幸福（见图6）。假设没有其他限制，有59.4%的人愿意把户口迁到当地。总体来看，流动人口外出就业意愿未减弱，融入意愿强烈。

但33.1%的被调查流动人口基本或完全同意“本地人总是看不起外地人”，雇主就业身份的流动人口对这种说法的不认同比例最高，占73.3%；而家庭帮工对这种说法的不认同比例最低，占61.9%。

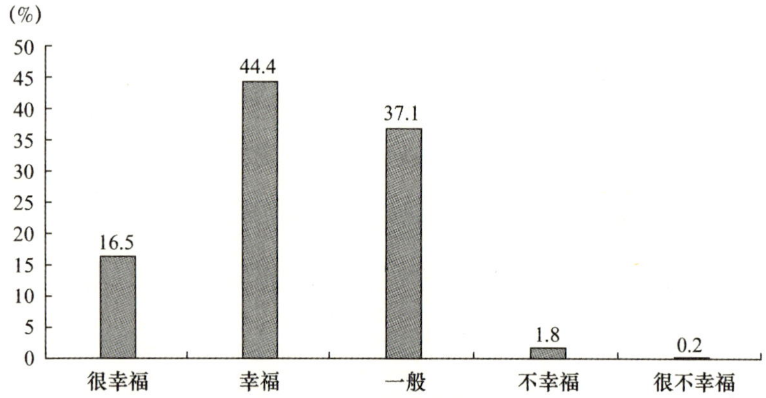

图6 流动人口在流入地幸福感

七、社会网络以同乡为主，缺乏在当地的社会参与渠道

倒挂地区外来人员呈现鲜明的地缘特征。如织里20万外来务工人员中安徽籍有10余万人，其中安庆人就达到8.2万人，同乡仍然是流动人口的主要社会网络。调查显示，48.3%的流动人口在业余时间主要与同乡户口在老家的人来往，而经常与“其他本地人”和“其他外地人”来往的分别只占16.9%和13.8%，有8.8%的人很少与别人来往。

此外，倒挂地区流动人口参加居住地社会活动的比例较低。例如，仅有18.5%的人参加过社区文体活动，22.2%的人参加过社会公益活动，5.7%的人参加过选举活动（见表4）。以上活动是流动人口参与社区管理、丰富业余生活、结识更多的本地人口的平台和机会，但由于本外地人群间交流机会少、时间短，限制了流动人口在当地社会网络的发展。但是，倒挂地区由于外来人口的集中，其参与社会活动的比例反而高于流动人口平均水平（不足10%）。

表4 在居住地参加活动情况

活动类型	参加人数占被调查人数比例
社区文体活动	18.5%
社会公益活动	22.2%
计划生育协会活动	23.5%
社区卫生、健康教育活动	26.5%
选举活动	5.7%

注：社会公益活动如献血、募捐、做义工等。

八、不同地区流动人口的特征差异较为明显

从样本基本情况来看，湖州市和广州市流动人口以男性为主，而山东省的被调查流动人口则以女性为主。调查显示，湖州市男性样本为181个，占56.6%，女性为139个，占43.4%；广州市男性样本565个，占54.3%，女性样本为475个，比重为45.7%；而山东省被调查流动人口中，女性样本898个，比重达56.20%，男性样本为699个，比重达43.80%。

从职业分布情况来看，湖州市被调查流动人口中的47.8%从事生产类工作，占该地总样本的近一半，尤其是从事生产行业的样本有99个，占总样本的30.9%。湖州市从事商务服务的占36.25%，而广州和山东从事商务服务的样本最多，分别为527和661个，占该地总样本的比重分别为50.7%和41.5%。

从流动范围来看，山东跨省流动的被调查流动人口中雇主和自营劳动者的比重为45.1%；而湖州跨省流动人口中雇主和自营劳动

者的比重仅31.6%，绝对数量比跨省流动人口少很多的省内跨市流动人口却因为地缘、人脉资源等优势，而拥有58.6%的雇主和自营劳动者。

从住房情况来看，虽然三个地区被调查流动人口中租住私房的比例都是最高的，但湖州市租住私房的有251人，比例占到78.4%，远高于其他两地区。其中，广州租住私房的比例最低，样本绝对数量为582个，占该地总样本的56%，这与该地单位提供免费住房或可租住房的比例有一定关系。广州作为我国流动人口最多的城市之一，很多单位可以为员工提供免费住房或可租住的住房。本次调查中，广州被调查流动人口中有25.2%居住于雇主提供的住房中。另外，由于南北方消费观念不同，北方人对房产更加看重，这也导致流入该地的流动人口在购房行为上受当地观念的影响。调查发现，山东被调查流动人口中有257人拥有自购房，占该地总样本的16.1%，远高于湖州和广州2.2%和4%的自购房比例。

从享有城镇医疗保险情况来看，三个地区的差异主要表现在城镇医疗保险参保率、在本地居住时间和单位性质上。总体来看，三个地区参保率都非常低，但山东省被调查流动人口享有城镇医疗保险的比重达26.7%，远高于湖州17.6个和广州13.9个百分点。湖州地区的被调查流动人口中，在本地居住5~9年的享有城镇医疗保险的比例最高，而在山东享有城镇医疗保险最高的则是在本地居住10年以上的流动人口，这部分人口在本地居住时间长，对本地一些政策也十分熟悉，参加城镇医疗保险的积极性也较高，比重达31.85%。从单位性质来看，广州作为我国东部沿海经济开放区的中心，吸引了大批知名外资企业，这些外资企业制度完善，基本都可以为员工提供城镇医疗保险，故广州就职于外资企业（欧美、日韩）的被调查流动人口全部享有城镇职工医疗保险。而湖州和山东的开放性略逊于广州，外资企业被调查流动人口中享有城镇医疗保险的比例较低，但国企和机关事业单位享有城镇职工医疗保险的比重都较高，其中湖州国有企业就职的流动人口100%参加职工医疗保险，山东的这一比例也达到90.63%。

从参加社会活动的情况来看，广州和山东被调查流动人口参加各项社会活动的比例相对平均；而湖州被调查流动人口参加各项活动的比例相差较大，其中参加社区卫生、健康教育活动的流动人口比例最高，为34.4%，而参加选举活动的比例最低，仅为2.2%，相差32.2个百分点，这一方面与地方活动的吸引力有关，另一方面也与湖州地区样本总量较少有关。相较于初婚和再婚，湖州地区未婚流动人口参与社会公益活动、社区卫生、健康教育活动和选举活动的积极性明显较高；相比之下，山东地区再婚人口参加社会公益活动和计划生育协会活动的比重都较大，分别为32.14%和39.9%。另外，湖州地区家庭月收入在10000元以上的流动人口参加各种活动的积极性较低；而调查显示，山东地区有53.03%高收入流动人口参加计划生育协会活动，他们中参加社区卫生、健康教育活动的人数次之，比重为45.45%，参加社会公益活动和社区文体活动的人口比重分别为40.91%和39.39%，均高于其他收入阶层。

三个地区的被调查流动人口的社交活动在就业身份上存在一定差别。湖州和山东被调查流动人口中家庭帮工与本地人联系较多，这可能因为家庭帮工的就业性质决定其更容易认识和有必要与本地人及其他外地人打交道；但广州地区家庭帮工却与同乡来往的比例最高，达到60%，究其原因，广州是我国外来务工人员集中的地区之一，很多流动人口是组团前来广州打工，除却工作，可能是因为他们在生活和心理上有更多的相互依靠，所以广州家庭帮工与同乡联系最密切。

从幸福感来说，湖州被调查流动人口随着教育程度的提高，个人自我要求更高，感觉一般或不幸福的比例也在提高，如未上过学（18.2%）、小学（22.4%）、初中（34.6%）、高中（28.6%）、中专（50%）等。而广州和山东的调查却显示被调查流动人口的幸福感与学历高低关系不大。

三个地区对城市认同感的差异主要表现在年龄上。湖州新生代农民工对城市的认同感较高，尤其是“80后”流动人口完全同意喜欢所居住城市的比例接近一半。而对山东流动人口的调查发现，流动人口对城市的认同度随着年龄的增大而提高：“90后”被调查流动人口中38.7%非常肯定自己喜欢现居住城市，“80后”中这一比例为58.1%，“70后”中这一比例为63.4%，1970年以前出生的达到64.1%。

从迁户意愿来看，山东地区户口对流动人口吸引力最大，其次为广州地区，而湖州地区户口对流动人口基本没有吸引力。调查显示，山东地区大部分人愿意把户口迁入本地，占总样本的59.4%；广州地区愿意把户口迁入本地的样本占总样本的49%；而湖州地区愿意迁入、不愿意迁入以及没想好的人群基本各占1/3。从就业身份来看，湖州被调查流动人口中自营劳动者和家庭帮工的流动人口中均有一半的人愿意将户口迁入本地，明显高于雇员和雇主（分别为31.4%和36.7%）。其原因是自营劳动者和家庭帮工对本地的依赖性相对于雇主和雇员更强。山东愿意迁户的雇主占66.1%，高于其他身份流动人口。

总体来看，三个地区被调查流动人口月收入水平都较低，收入差异主要表现在被调查流动人口收入与年龄的相关性和流动范围大小两个方面。湖州地区调查显示，月收入与年龄呈相关关系，而山东地区月收入最高的为壮年期流动人口。湖州省内跨市流动人口收入较高，而山东地区则是跨省流动人口收入较高。调查显示，湖州有 30% 的家庭月收入在 10000 元以上，显著高于跨省流动（14.6%）和市内跨县（0）的群体；山东地区跨省流动者高收入的比例占 5.5%，高于其他两个范围的流动人口。

第三章

增城和织里群体性事件的主要过程及共性特点

一、群体性事件的内涵及主要特征

（一）群体性事件的内涵

国内对群体性事件的定义，一般是指“因人民内部矛盾而引发，由部分公众参与并形成一组织和目的的集体上访、集会、阻塞交通、围堵党政机关、聚众闹事等群体行为，并对政府管理和社会造成影响”。与自然灾害、生产事故、公共卫生等公共危机事件相比，群体性事件的发生机制更为复杂，对公共安全秩序的冲击也更为强烈。

群体性事件一般被划分为两个类型：利益诉求型群体性事件和泄愤型群体性事件。利益诉求型群体性事件，是指地域共同体或想象的身份共同体围绕着直接相关的切身利益而展开的集体性利益保卫行动，主要利益诉求集中在农村征地拆迁、城市拆迁安置、企业欠薪、环境污染等方面。泄愤型群体性事件，是指没有切身直接的利益诉求，仅仅由于一个简单的导火索事件，引起非相关个体迅速参与的冲突。一般认为，“移植的怨恨”和实施暴力所带来的直接心里酬赏，是参与者的主要心里动机。在泄愤型群体性事件中，大部分参与者并无具体的行动目标和利益诉求，通常以发泄情绪为主，群体性的非理性冲动表现得非常突出，事态的发展也因此而瞬息万变，对公共安全秩序的冲击更大。

在现实中，利益诉求型群体性事件和泄愤型群体性事件往往相互交织在一起。利益诉求型群体性事件规模扩大或对立情绪升级，往往会直接演变成泄愤型群体性事件。本报告将这种事件称为混合型群体性事件，以流动人口为主体的群体性事件，大多属于这种混合型群体性事件。

（二）混合型群体性事件的特点

从近年来发生的几起典型的混合型群体性事件来看，有以下几个共同特点：一是存在一个利益受损（或将来会受损）的群体，而且这一群体缺乏有效的利益表达机制，导致矛盾积聚；二是存在一起偶然发生的导火索事件，这一事件可能是一种利益侵犯行为，也可能是其他行为，事件的当事一方是利益受损群体的一员或一部分；三是存在一个节点事件，让偶然事件迅速升级，让很多其他利益受损人员以及非利益相关人员参与进来；四是很多参与者是借题发挥，表达他们对社会的不满，借机发泄积郁内心许久的相对剥夺感，而且这种情绪会在人群中快速传播，让更多的人参与进来，人员增加与情绪升级相互促进，非理性宣泄升级；五是整个事件基本处于自发状态，没有确定的组织者，政府或事件另一方无法找到合适的谈判对象；六是事态的发展往往与流言的传播密切相关，网络、手机等新兴传播工具对流言传播起到越来越大的作用。

混合型群体性事件一般都存在这样一个过程：偶然事件发生—利

益相关群体参与—基层组织处置适当—非直接利益相关者参与—事态扩大升级—更高层面组织介入—政府或另一方妥协—事态趋于平息。在事件发生过程中，往往存在“处置—趋于平息—再次升级”等“回波”现象。

二、增城群体性事件

（一）增城市总体情况

增城市位于珠江三角洲东北部、广东省广州市东部，又称穗东，西距广州市60公里。在全国县域经济基本竞争力排名第9位，连续9年领跑广东县域经济。增城市新塘镇是广东省的特大镇和示范中心镇，地处穗莞深及粤港澳“黄金走廊”，是广州、佛山、深圳、东莞等城市群的核心，总面积251.5平方公里，下辖71个行政村和16个居委会，总人口70多万，其中外来人口约50万，是典型的人口倒挂地区。1981年后，从新塘镇大敦村走出去的一位香港老板回村里办起了第一个“大敦制衣厂”，并带动了制衣业的发展。目前，新塘镇有牛仔服装及相关配套企业2600多家，占新塘工业企业的60%，年产值200多亿元。牛仔服装已成为新塘经济的特色，全国有60%以上的牛仔服装出自新塘，出口牛仔中40%以上出自新塘。

（二）事件爆发的背景

随着外来人口的增多，各种治安案件频发。但镇里警力不足，由大墩村自己组建了“治安联防队”，成员叫治保员，主要是本地人。治保员在大敦村的权力很广也很大，不但巡衔、抽查居住证，还充当着车管、城管与交警的职能，抓“黑车”，驱逐地摊贩。但由于没有编制，没有经费，主要靠收费和罚款。外地企业老板每年都要向治保队交纳一定数目的治保费与生活费，具体金额依厂房面积与区域位置而定，数额由几千元到上万元不等。治保队还制定了一套“大敦村规则”，例如，外地人购买摩托车后，不能在大敦村内行驶，必须得去治保队办个“大敦牌”，否则，抓着就罚款，最少200元。事件发生时，大墩村8万余名外来务工者由40余名治保员管理，外来人口与地方政府、本地人之间的矛盾主要反映在其与治保员之间的矛盾。

（三）增城“6·11事件”的主要过程

根据课题组赴增城调研资料和网络报刊信息资料，事件的主要过程如下。

2011年6月10日晚9时许，流动人口王联梅（孕妇）与其丈夫唐学才在增城新塘镇大敦村一商铺门口摆地摊。大敦村治保员以占道经营堵塞交通为由对其劝离并扣留摊位，王联梅夫妇坚决不同意。双方发生争执和肢体冲突后，王联梅倒在地上。此时，大量群众开始围观。大敦村治保队长出现过激语言，部分群众报警后，民警、政府工作人员与120救护车相继赶到。但由于现场一些滋事人员起哄，阻挠孕妇上车，事态逐渐失控，聚众人群开始打砸警车、救护车以及多辆私家车。同时，外围群众疯传“孕妇被治保员打死了”，围观群众情绪更加激动，并开始向大敦村派出所聚集，直接冲击大敦村治保队办公楼。

11日上午，增城市警方通报称，聚众事件得到有效控制，经医院诊断，王联梅夫妇均没有受伤。但在增城市警方召开发布会之前，已有几百名群众聚集在大敦村派出所“要求惩办打死（伤）人的治保员”，并且向派出所内投掷砖块。为了防止事态进一步扩大，警方向人群发射了两枚催泪弹，同时通过大喇叭等方式告知聚众人群“昨晚没有人死”，但未能说服聚众人群。之后部分聚众人群再次打砸了大敦村治保队办公室。

由于增援的警察在大敦村派出所与治保队办公室附近进行了布防，一些聚众人员又跑到了200米远的大敦村村委会，砸坏了大门，烧了停在大院内的轿车。11日晚，聚集群众砸烧了久裕村治保队办公室，以反抗久裕村（邻村）治保队的增援行动。

12日上午，广州市政府新闻办召开专题新闻发布会。唐学才在发布会现场表示“我们都很好，我老婆和腹中的胎儿都没事，母女平安”。同时，增城市政府再次宣布事态得到有效控制。但当晚，大敦村5公里以外的太阳城加油站与107国道附近人群再次聚集，聚众人群不但砸烧了警车，还破坏了社会车辆。直到13日，新增大批武警与特警派驻新塘镇，局势才得以控制（见表5）。

就增城事件而言，诱发原因明显，即孕妇王联梅夫妇与治保队因占道经营发生争执和肢体冲突。王联梅倒地后，亲属和围观人群要求警方先惩办打人的凶手，并阻挠孕妇上急救车。在事件诱发期，聚众人群的焦点仍然停留在王联梅夫妇与治保队冲突。之后事件进入酝酿动员期，聚众人群参与到王联梅夫妇与治保队的冲突中，形成对抗。随着治保队不当言论的传播，彻底激发了外地务工人员压抑已久的积怨，冲突相应升级。不当言论及其传播即为增城群体性事件从酝酿动员到聚集对抗的节点事件。聚众人群的关注焦点由王联梅夫妇转移至治保队长期收取外地人“治保费”，对外来人口的严格管理，激发了流动人口的相对剥夺感并以此形成相似利益诉求群体，推动事件发展

表5　增城事件中对抗双方的主要行动

阶　段	时　间	主要事件和行动
诱发期	2011年6月10日晚9时	10日晚9时，王联梅夫妇因占道经营与大墩村治保员发生争执和肢体冲突，王联梅倒地
酝酿动员期	6月10日晚	10日晚，人群聚集并参与王联梅夫妇与治保员冲突 节点事件：治保队长对围观人群喊“打死你们，一个就50万元”
聚集对抗期	6月10日晚至6月13日	1. 10日晚，警察和政府工作人员到场，王联梅丈夫不同意王联梅上救护车，聚众人群要求警方先惩办打人的凶手 2. 聚众人群开始将硬物砸向了民警与政府工作人员，3辆警车、1辆救护车以及多辆私家车被砸烂 3. 11日凌晨至凌晨3时，人群向大墩村派出所聚集，冲击治保队办公楼，开始打砸。警方将现场带头闹事的25名滋事人员带回调查 4. 11日上午，聚众人群先后袭击了大墩村派出所、村委会、久裕村治保队办公室 5. 12日晚，聚众人群在太阳城加油站与107国道附近打砸警车和社会车辆
平息恢复期	6月13日至20日	1. 13日广州市政府调拨大批武警和特警进驻新塘镇 2. 15日19名犯罪嫌疑人以妨害公务罪、寻衅滋事罪、故意破坏财物罪依法执行逮捕 3. 15日增城市派出25个工作小组深入群众座谈 4. 17日增城公安局6月17日发布《通告》称：举报者为外来务工人员，成绩突出的，可获“优秀外来工”称号，给予迁入增城户口

到聚众对抗期。随着大批武警进驻新塘镇，事态才真正得以控制，进入平息恢复期。

（四）对事件的处置

大敦村聚众滋事事件发生后，增城市委、市政府启动问责机制，免去刘某新塘镇党委书记职务，免去麦某新塘镇党委副书记并提名依法免去新塘镇镇长职务；给予大敦村党支部书记吴某、村民委员会主任卢某党内严重警告处分。增城市有关部门对引发事件的有关治保会人员也做出了严肃处理，对在现场与王联梅夫妇拉扯争执的治安联防队员卢某，予以治安拘留10天的处罚并做出开除处理；对负有管理责任的治保会常务副主任卢某予以开除。增城市政法机关依法处理“6·11”事件的犯罪嫌疑人，增城市人民检察院经审查，对赵某等11名被告人依法提起了公诉。

三、织里群体性事件

（一）织里镇概况

织里镇位于浙江省北部，地理位置优越，距离上海、杭州、苏州、南京等城市均在一二百公里左右。历史上，织里镇因织造业兴盛而得名。其区域面积135.8平方公里，辖46个行政村，11个居委会，总人口30多万人，其中本地常住人口10万人，外来常住人口超过20万人。织里镇是浙江湖州吴兴区的经济重镇，2011年全镇地区生产总值达到109.09亿元，工业总产值580亿元，财政总收入达12.63亿元。全镇以童装、纺织印染、羊绒羊毛、小五金、床上用品、铝合金型材、木业等为主导产业并形成相应的块状经济格局。其中，童装产业发展成为织里的第一大产业，全镇童装企业1.2万家，年产各类童装4亿件套，占全国市场的1/3。

（二）织里“10·26事件”爆发的背景

织里镇全镇共有童装类企业1.2万多家，99.7%以上属于中小企业，经营方式较为落后。总体上，或为集打样、加工、包装、销售于一体的几间临街厂房，其业主多为本地人，该类企业有自己独立的品牌，产品的设计、加工、销售均是自己独立进行；或为镇区边缘的小加工作坊，其业主大多是外地人，生产组织方式往往只是购置几台缝纫机，雇佣几个工人，有的甚至只是夫妻俩或是几对夫妻组合，所以也被称为“夫妻队”，这些业主从镇上的童衣厂拿来布料，加工成衣后交回，计件赚取加工费。后一种经营模式开始并未进行工商注册，只需要通过消防安全检测即可开工，并且在初期也不需要缴税。但由于这种生产模式的业主激增，织里镇政府决定对这些作坊征税，即“机头税”。2009 年，按每户拥有的缝纫机数量征税，一台缝纫机征税 100 多元；到 2010 年，每台机组收税 343 元，每家最低按 5 台机组起征，不足 5 台机组的按 5 台机组计算；从 2011 年 10 月开始，每台机组征税额涨到了 626 元，比 2010 年翻了将近一番，小加工业主认为税收标准增加幅度太大，思想上无法接受（见表 6）。

表 6　　各阶段征税方式

时间阶段	征税方式
2009 年以前	不需要缴税
2009 ~ 2010 年	按每户拥有的缝纫机数量征税，一台缝纫机征税 100 多元
2010 ~ 2011 年 9 月	每台机组收税 343 元，每家最低按 5 台机组起征，不足 5 台机组的按 5 台机组计算
2011 年 10 月后	每台机组征税 626 元

由于织里镇的服装小加工作坊太多，且分布非常分散，单纯依靠税务部门力量无法完成征收任务，当地政府以村为单位核定税额下达任务，委托村委会代为征收，工作人员由镇政府及村委会聘任，这就导致税收征管人员不是正式的税务干部，且代征人员素质参差不齐。

（三）事件过程

2011年10月26日，税收代征人员与一名安徽潜山籍小业主发生冲突，该业主召集多名业主围攻上门征税人员。当晚，600多个安庆籍“夫妻队”形式的业主到织里镇政府大楼前集体上访，要求对最新大幅增加“童衣税”的政策给出合理解释，引来大量人群围观，其间出现打砸公共设施行为，并导致数名公安、城管人员不同程度受伤。23时左右，一辆浙江湖州牌照的白色奥迪车驶入人群中，混乱中白色奥迪车共撞伤10人（其中重伤2人）。对税收不满的童装业主，转而将情绪发泄到浙江湖州牌照的汽车上。30余辆停在路边的私家车玻璃被砸，路边垃圾箱等公共设施被损坏，当地一家中国移动店铺被砸，另有一家织里本地人的童衣厂被砸。

27日上午，当地政府将前一夜的事件定性为“暴利抗税”，群众对此强烈不满，加上舆论的误导，本地人与外地人的对抗进一步升级。中午，部分外地人在织里镇政府广场聚集，并有打砸车辆行为，点燃一辆正在执行巡查任务的警车，1名民警、3名协警受轻微伤。

到10月28日夜晚10：30左右，织里当地近千人一路游行，高喊“打倒安徽、保卫织里”的口号，冲击围攻前来解决此次事件的安徽工作组驻地，因当地军警及时控制而未果。随即一家安庆籍业主的工厂被当地着城管服装的数十人打砸，7辆安徽牌照汽车在不同地点被砸。直到公安机关采取措施后，事态方才有所控制（见表7）。

表7　　织里事件中对抗双方的主要行动

阶段	时间	主要事件和行动
诱发期	2011年10月26	税收代征人员与一名安徽潜山籍小业主发生冲突，该业主召集多名业主围攻上门征税人员

续表

阶段	时间	主要事件和行动
酝酿动员期	10月26日晚	当晚，600多个安庆籍“夫妻队”形式的童装业主到织里镇政府大楼前集体上访
聚集对抗期	10月27日至10月29日	1. 10月27日，群众对当地政府将前一夜的事件定性为“暴利抗税”强烈不满，加上舆论的误导，由此带来本地人与外地人的对抗升级 2. 27日中午部分外地人员拦截车辆、打碎车窗，一辆警车被点燃，1名民警、3名协警受轻伤 3. 10月28日夜晚10：30分左右，织里当地近千人高喊“打倒安徽、保卫织里”的口号，冲击安徽工作组驻地 4. 28日晚11时左右，一家安庆籍业主的工厂被当地着城管服装的数十人打砸，7台安徽牌照汽车在不同地点被砸
平息恢复期	10月30日至11月初	1. 浙江湖州27日在全省抽调警力处理事件 2. 安庆市县在27日派出工作组，29日安徽省公安厅领导赴织里处理事件 3. 10月30日，织里镇政府暂停对童装加工户的税收征收 4. 织里镇政府对当时上门征税引发事件发生的税收协管员给予解除职务的处分，5名犯罪嫌疑人被刑拘、23名涉嫌违法人员被治安拘留 5. 2011年中小企业的实际税收执行标准已经降到了接近或低于2010年的标准

（四）政府对事件的处置

事件发生后，浙江省委、省政府和市委、市政府高度重视，湖州市委、市政府迅速成立处置工作领导小组，市委、市政府主要领导赶赴现场指导处置工作。区镇两级政府工作人员连夜上门入户对童装业主和群众做工作。对于交通事故受伤人员，医院等方面全力治疗。当地公安机关加强防范，积极防止不法行为发生。同时，事件主要参与人员流出地安徽省安庆市政府也组成三级工作组到织里协助做工作。到10月30日，事件基本平息，织里镇政府暂停对童装加工户的税收征收。同时，为平息众怒，织里镇政府对当时上门征税引发事件发生的税收协管员给予解除职务的处分，5 名犯罪嫌疑人被刑拘、23 名涉嫌违法人员被治安拘留。2011 年 11 月初，停工的中小企业先后复工，织里当地的生产生活秩序逐步恢复正常，引发事件发生的税收标准问题也已经得到彻底解决。2011 年中小企业的实际税收执行标准降到了接近或低于 2010 年的标准。

四、增城及织里群体性事件的共性特点

在我们的调研中，流动人口对提高管理人员素质、提高外来工人的福利待遇反映强烈。这表明，这两起事件的参与者虽没有共同的直接利益诉求，却早已形成了共同价值观群体，由突发事件诱发而形成群体性行动。由于多数参与人群遵循一定的行动逻辑，形成了超越社会规则和法律规范的激化行为。在政府基层维稳环境中，流动人口的行动逻辑必然与基层政府冲突对立，群体性事件由此产生。

（一）参与事件的流动人口均有类似的行动逻辑

1. 对弱势群体的“同情逻辑”

诱发增城事件的主人公王联梅年满 20 岁，丈夫唐学才年满 28 岁。他们在事发 3 个月前开始摆地摊卖牛仔裤，不熟悉“在黄金地段摆摊要向治保队交纳治保费”的行规，坚决不同意交纳罚款。冲突发生后，王联梅夫妇具有明显的弱势特征：他们收入不高，需要在晚上出来摆摊补贴家用；王联梅有孕在身；治保队员在王联梅夫妇拒交治保费后动手掀摊，治保队员人多势众，并手持铁棍。因此，事件发生后

围观者规模迅速扩大，从开始好奇围观、声援、了解事态发展，到表示同情，到“打抱不平”，最后发展到“义愤”，这些行为都蕴含了价值观因素。随着事件发展，围观人群不仅报警、叫救护车，后来又阻挠王联梅上救护车，要求警方先“惩办打死（伤）人的治保员”。在“同情逻辑”指导下，这些“讨公道”行为是正义驱使的，也是正当的。

2. 对强势管理者的“反抗逻辑”

与“同情逻辑”不同，“反抗逻辑”产生需要一段时期的“相对剥夺感”积累，以及特定情境和心理因素。增城事件中“相对剥夺感”来自基层社会管理和基本公共服务。流动人口因户籍壁垒无法享受义务教育、医疗等基本公共服务，却要承担比当地人更严格的社会管理义务。例如，大敦村每个户籍成员都可参加新型农村合作医疗（下称新农合），每人每年只需缴纳 45 元，即可享受门诊费用补偿；而外来打工者不但不能享受以上服务，且政策上不允许其在家乡参加的新农合进行异地结算①。外地人在大墩村上公立学校，需要办齐 6 证②。许多大墩村本地人认为，流动人口大量涌入造成当地治安恶化③，于是村委会成立治保队。编制外治安力量在没有正规监管的状态下迅速膨胀，在村内不定期设卡检查大敦拍照、抽查居住证、收取治保费、卫生费④。在此类问题长期存在的状况下，“相对剥夺感”长期积累。而且对抗双方人群分界明显，一方是以小商贩、打工者为主

---

① 鲁伟：“从广东增城群体事件看社会管理”，《财经》，2011 年第 12 期。

② 包括计生证、户口簿、社保证、身份证、居住证等。

③ 大墩村治保队在 20 世纪 90 年代由村委会组建，目的就是为了应对大墩村的治安压力。2003 年，随着流动人口流入量增加，治保队扩容最终发展到 60 多人。

④ 每家制衣厂的治保费为每年 1500 元；水果摊每年 1000 元。在黄金地段的，大摊位每年 1200 元，小摊位每年 600 元。不交治保费而擅自摆摊者，被治安队发现，会被处以每次 200 元的罚款。

体的流动人口，一方是以治保队为代表的不合理社会管理政策的实施者。在一名治保队员“打死你们，一个就50万元”的特定情境下，以及现场气氛和法不责众心理驱使下，“反抗逻辑”最终演变为反抗行为。

3. 对自身境地的“对比逻辑”

引发治保队员与王联梅冲突的“治保费”，在大敦村已成为村规。治保费由治安队收取，收费对象主要为外来人口，针对不同的行业和人群，收费标准也不尽相同。王联梅夫妇抗拒交纳治保费，正触动了众多流动人口敢怒不敢言的制度。有相同境遇的人很自然地与自身境地进行对比：流动人口在大墩村打工，大多靠加工牛仔裤计件酬劳生活，劳动强度大，出来摆摊还要遭受当地治保队剥削。治安队员“打死你们，一个就50万元”的话，引发众怒。流动人口很自然地联想到自己在大墩村遭遇的各类严格管理、交纳的各类罚款等。流动人口将诱导性事件与自身境地进行对比，借助王联梅事件提出自身利益诉求，是众多个体行为构成群体性抗争力量的关键。

（二）节点事件促使个体迅速参与到群体性事件中

Granovetter（1978）提出个人参与群体性事件的“门槛模型”：每个人都有一个“门槛”，即每个人都会看到多少人或多大比例的人采取一个决定时才会采取相同的决定；而每个人“门槛”的分布则取决于群体中的个人在规范与信仰上的差异。增城群体性事件的参与人多为流动人口，个人规范和信仰上有相似之处。王联梅夫妇摆摊的地方位于创业西街隆家福超市门口，是大敦村黄金地段。事发后人群迅速聚集，而治保队长一句“打死你们，一个就50万元”引起公愤，参与争执和对抗的个体迅速增加。织里政府在事件初期简单地将事件定性为“暴力抗税”，也是导致事件进一步扩大升级的主要原因。

（三）基层政府公信力下降，权威信息“失语”

事件发生地的基层政府权威降低，导致社会控制能力削弱甚至丧失，群众对政府的信任度下降。因此，增城政府两度进行信息核实，通告6月10日没有人伤亡，但仍未说服群众，“孕妇老公被活活打死”的消息仍在网上传播。而且，在事件发生过程中，政府过度的控制信息资源，为虚假信息提供传播的空间，进一步影响民众对政府的公信力。由于政府失去公信力，虚假信息顿时泛滥，四面八方的民众通过口头、手机、网络消息的呼唤纷纷聚到现场，虚拟场景的瞬间连线使事件受众范围进一步扩大，不明真相的群众极容易被高度情绪化的传闻所俘获而导致行为过激，一发不可收拾。

（四）乡缘集聚和现代化的通信手段加速了人员的参与

倒挂地区流动人口往往以乡缘聚集，居住在一起，平常也主要和老乡来往，这种社会网络在事件爆发时往往强化了身份认同。而现代化的通信手段为事件动员提供了便利条件，流动人员通过亲戚、朋友、老乡等联系方式形成的社会网络成为信息传递的载体。乡缘联系、客观存在的流动人口自身的社会网络，加上现代通信工具，使流动人口的瞬间自组织能力非常强大，在短时间内形成一呼百应的力量。

（五）事件进展存在回波现象

回波现象，是指群体性事件发生后，在政府的管控下，事件得到缓解，有趋于平息的趋势。但往往在政府宣布事件得到有效控制时，再次爆发，而且规模和激烈程度都超过第一拨，并且会形成第三波、第四波。从前面的分析来看，增城和织里事件中，也存在明显的回波现象。后面几波的新参与人员身份、参与的理由、真实的诉求都不太一样，甚至与最初的导火索事件没有关系。事件本身也由最初的纯自发状态，进入某种有组织状态。

【专栏1】　群体性事件中的回波现象

我国群体性事件中的回波现象最早是在某县客运公司群体事件中被提出的。当时的冲突主要是广大当地村民和城镇居民对该县的客运公司长期霸权运行、高价运行不满，在一位学生与司机产生言语冲突后的集中爆发。该事件在几个小时内其实就得到了控制，政府出面要求客运公司整改，并公开道歉，围观和聚集的群众也在逐渐退散中。但到人群差不多快散去的时候，聚集人数突然猛增，并从客运公司的围攻扩展到对派出所和县政府的围攻，让人始料不及。后来经调查发现，第二波聚集人员是有组织的，其背后是原来负责该县乡镇客运的四家小客运公司，后因县政府“做大做强”的思想被停业，并引进了一家大客运公司垄断了业务。这些小客运公司闻知出事，立即与各村组织了相关人员参与，认为只要把事闹的足够大，该客运公司就不得不退出，他们就可以恢复经营。

五、事件发生后当地政府加强社会建设的措施

事件也促使两地各级政府更加重视解决经济发展过程中产生的社

会问题，改变管理模式，重视对外来人口的服务管理，并出台了一些新的措施，包括：切实提高镇村公共服务设施建设，努力解决农村民众和外来务工人员在交通、文化、教育等方面的问题；切实保障外来务工人员的合法权益、加强人文关怀、改善用工条件，引导外来务工人员依法合理表达诉求、融入当地改革发展；实施事权改革，将职能部门事权下放至街道、社区，建立街道政务服务中心、综合信访维稳中心、家庭综合服务中心和综合执法队等四层管理平台，强化基层社区、村镇的职能；在外来务工人员较多镇村，探索将农村人管理模式转化为都市人管理模式、农村式管理方法转变为城镇化管理方式、本地人管理模式转化为本地人与外来人员共同管理模式、管理型组织转化为服务型组织。如广东增城市新塘镇在“6·11 群体性事件”后，将新塘划分为永宁、仙村管理区和中心城区、沙村、沙埔片区，实施分片区管理，并在大墩村建立“一站三中心”（综合信访维稳工作站，出租屋和流动人口管理服务中心，工商企业和社会事务管理服务中心，文体活动服务中心），增强居委会人员配备，提高基层服务管理能力。

第四章

人口倒挂地区群体性事件和社会矛盾产生的深层次原因

流动人口群体性事件的发生，和我国当前正处于“经济体制深刻变革，社会结构深刻变动，利益格局深刻调整，思想观念深刻变化”的社会大背景有关。流动人口，特别是农民工，总体处于社会最低阶层，相对剥夺感最强烈，对社会存在不满情绪，这是流动人口群体性事件发生的社会心理根源。具体来看，流入地政府服务管理不到位，流动人口在城市的公共服务水平低，权益保护力度低，社会参与程度低，对流动人口政治歧视、利益剥夺，往往是事件发生的直接原因。而流动人口与户籍人口收入差距加大、本地经营者与外来经营者竞争激烈、流动人口公共服务财力分担机制不健全则是这些问题产生的经济根源。

一、管理层面的原因

从管理层面看，政府社会管理意识和管理能力不强，流动人口管理体制不健全，基层社会管理和服务体系建设滞后，各种矛盾不能得到及时有效化解，是流动人口各类问题产生的直接原因。

1. 地方政府的社会管理意识和管理能力不强

重经济建设，轻社会管理和服务；重户籍人口，轻流动人口。基层领导干部的社会管理知识贫乏，能力不够，重大决策没有风险评估机制。对群体性事件的应急管理能力不强，往往是事件发生前，不掌握社会风险；在事件发生后的第一时间，没有及时处置，甚至是处置不当，导致大量非直接利益相关者参与进来；事件发生过程中，不能及时、有效、客观地发布信息，对网络信息和媒体缺乏有效应对，对流言和谣言的传播不能有效制止，没能有效舒缓、抚平公众的不满情绪。

2. 流动人口管理体制不健全，缺乏统一的流动人口信息共享平台

横向来看，公安、计生、人社等部门各自有流动人口服务管理职能和统计标准、统计数据，但由于缺乏相应的协调和联动机制，没有统一的信息采集和共享平台，这些部门的信息资源不能共享，没有形成管理合力。从纵向来看，乡村（居）流动人口管理力量薄弱，县、乡、村三级管理体制不能有效联动。

3. 基层社会管理和服务体系建设滞后，服务管理能力不足

基层警力、劳动监察等队伍和经费仍是按照户籍人口规模配备，人力、财力装备不足，职能未能有效发挥。特别是在一些流动人口较多的特大镇，镇级管理力量不足，社区居委会设置不完善，人员配备不足，服务管理力量薄弱。如有 30 万人居住的织里镇只有一个派出所，无法应付数百人的风波，事件升级时，只能从浙江省各地区紧急调集数千名特警前来控制事态的进一步扩大。而且，管理方式粗放。引发群体性事件的导火索是税收额度的过快增长，但涨税决定在决策

前未经过论证，也未启动重大决策风险评估程序，甚至没有任何公示和征求意见，仅靠税务部门的一纸通知，使业主对政府产生了极大的不信任感。再加上上门征税的工作人员未取得执法资质，工作不规范，动辄采取“锁门”、“恐吓”等方式征税，方式简单粗暴，直接导致了纠纷的发生，并进一步引起矛盾的激化。

4. 流动人口党团工会建设薄弱

多数非公有制企业中没有党团组织，组织活动较难开展，流动人口集聚区的社区党组织对流动党员也缺乏管理，很多流动党团员长期不能参加党组织活动，长期游离于组织之外，党团员在社会管理方面的作用难以有效发挥。还有一些民办企业没有建立工会组织，建立了工会的企业，农民工参加工会的也非常少，农民工往往“诉求无门”。

5. 流动人口输出地和输入地管理合力没有形成

尽管一些地方探索由输出地派出警察、成立商会等措施协助流入地社会管理，但从全国来看，输出地和输入地政府在流动人口权益保护、公共服务、治安管理、群体性事件处理等方面缺乏制度化的安排，没有长效机制，没能形成合力。

二、社会层面的原因

从社会层面看，大量的流动人口为流入地的经济社会发展做出了巨大贡献，但他们在城镇落户定居难，公共服务缺乏，缺乏制度化的利益表达渠道，长期感觉没有得到公平待遇，对当地没有归属感，没有公共责任意识，甚至对社会产生不满，是流动人口各类矛盾和问题产生的深层次原因。

1. 流动人口与户籍人口在就业服务方面仍存在一定的制度性差距

尽管各地公共就业服务机构都为流动人口提供就业服务，但许多机构公共就业服务手段单一，普遍缺少针对性强、时效性高的专业化服务项目，信息收集和发布功能不健全，信息服务手段滞后。流动人口与户籍人口在再就业保障制度方面仍存在差距，户籍从业人员一旦失业，政府有义务帮助其重新获得就业岗位，这种福利待遇还没有覆盖到流动人口。流动人口与户籍人口在就业培训制度执行方面也存在一定差距，与户籍人员享有丰富、有效的就业培训相比，流动人口职业培训政策的实际效应与预期还有相当距离。

2. 流动人口子女义务教育“两为主”进展不均衡，学前教育和中考高考问题日益突出

尽管义务教育制度覆盖已实现无差别，但全国仍有23.3%的流动人口子女无法入读全日制公办中小学校，只能进入民办学校或农民工子弟学校，在沿海地区这一比重更高。民办学校与公办学校在教育资源配置、教学质量方面差距较大。在学前教育方面，农民工随迁幼儿大多数进入的还是条件较差的民办幼儿园，而且仍有部分流动人口子女的学前教育需求不能得到满足。由于异地高考政策还未得到有效落实，跨省的流动人口子女不能在本地参加高考，很少能在本地参加中考。

3. 流动人口不能完全平等地享受公共卫生和计生服务

尽管各地都在推进公共卫生均等化，但仍有部分公共卫生服务内容尚未覆盖到流动人口。流动人口子女计划免疫接种率较低，流动人口疾病预防监测尚未完全覆盖，对于分散、流动的流动人口的疾病预防宣传教育还缺乏有效的手段。流动人口计划生育管理和服务经费已

纳入流入地财政预算，免费享受“三查四术”（查孕、查病、查环，人流、引产、上环和结扎）和避孕药具，但手术补助和独生子女奖励政策仍在户籍地进行。由于新农合的报销限制，农民工参加职工基本医疗保险的比例不高，以及农民工自身收入水平低、不能享受当地医疗救助等原因，广大农民工难以获得城市正规医院的医疗服务，患病后自我医疗的比例高，看病难问题突出。

4. 流动人口社会保障在制度安排上与户籍人口仍存在不小差距

流动人口，特别是农民工参加城镇职工社会保险的比例低，灵活就业类的流动人口仍无办法参加社会保险。调查显示，流动人口享有医疗保险的比例仅为31.6%。户籍人口除享有社会保险以外，还享有最低生活保障、社会福利以及社会救济等社会保障制度，而目前这些制度尚未惠及流动人口。

5. 农民工公共文化服务严重缺乏

政府对农民工文化生活重视程度不够，投入经费少。企业没有把文化服务当做农民工的重要权益，对文化生活关注少，对文化设施投入很少。大多数农民工文化生活贫乏，缺少最基本的文化娱乐方式，文化需求处于一种饥渴的状态，他们工作在繁华的都市里，却生活在精神的孤岛上。

6. 流动人口住房保障程度低

尽管一些地方也开始将流动人口纳入到公共租赁房保障之内，但门槛较高。而经济适用房和廉租房等其他保障性住房还未对流动人口开放，也缺乏针对农民工特点的租金补贴和实物配租政策，农民工住房保障水平较低，公积金缴存率也很低。

7. 流动人口缺乏制度化的利益表达渠道

由于户籍制度，流动人口被排斥在社区组织、社区活动、社区管理之外，也不能参加人大、政协和党的选举，没有融入城市政治生活和社会管理，利益诉求难以在城市公共政策的制定中得到充分反映。流动人口参加社会组织的比例比较低，社会组织在流动人口群体中的正常功能尚未有效发挥。在流动人口集聚区，尤其是“人口倒挂”区，外来人口与本地人口的矛盾、外来人口与本地政府的矛盾突出，但是流动人口难以找到制度化和低成本的利益表达渠道，在不满情绪高涨时，往往只能诉诸过激行为和集群行为来表达自己的利益诉求，进而引发群体性事件。

8. 流动人口在城镇落户定居难

一些地方在积极落实中央户籍制度改革政策，降低落户门槛，推行居住证制度，实施城乡一体的户籍制度。但大多数地方的落户政策主要是针对本辖区的非农户口，对跨行政区的流动人口落户仍设有较高门槛。还有一些地方的户籍制度改革没有触及嵌入其中的福利制度，或者设置较多的限制，流动人口难以跨越。引导农民工到中小城市、小城镇落户的政策不够有力，农民工进城落户进展总体缓慢。

三、经济层面的原因

从经济层面看，流动人口和户籍人口贫富差距大，外来经营者和本地经营者对生产要素和产品市场的竞争激烈，外来人口和本地居民对公共资源的竞争激烈，是流动人口各类矛盾和问题产生的经济根源。

1. 流动人口工资水平普遍较低，和户籍人口之间的贫富差距问题突出

2011 年，全国农民工月均工资 2927 元，仅相当于当年城镇单位

在岗职工月平均工资 3483 元的 84%。作为保障职工工资最低收入的最低工资标准，成为许多企业确定农民工基本工资的标准，农民工成为拿“地板工资”的主要群体，为了增加收入被迫“自愿”加班。一些企业仍存在拖欠农民工工资的问题。本地经营者与外来务工者之间、本地经营者与外来经营者之间的利益分配失衡，流动人口和户籍人口贫富差距大而且呈不可逆转的趋势，导致流动人口心态失衡。

2. 流动人口的劳动权益得不到有效保障

很多企业的社会责任低，中小企业和流动性较大的行业企业中，农民工劳动合同签订率低。在已签订的合同中，也普遍存在内容不完备和执行不规范等问题。以农民工为主体的劳务派遣用工不规范，一些劳务派遣单位不与农民工签订劳动合同，不依法缴纳社会保险，被派遣农民工与用人单位直接用工同工不同酬问题比较突出。农民工劳动安全卫生条件差，超时加班现象较多，休息休假权得不到保障。集体合同制度、工资集体协商制度和协调劳动关系三方机制不完善，农民工工资支付保障机制和正常增长机制不健全。劳动争议多发，劳资矛盾进入高发期。

3. 外来经营者和本地政府、本地经营者的矛盾突出，外来经营者和本地经营者对生产要素和产品市场的竞争激烈

在流动人口集聚的人口倒挂地区，大多以低端劳动密集型产业为主，市场同质化严重，本地企业主与外地企业主之间在销售市场、劳动力资源等方面存在恶性竞争。如织里镇当地大多数家庭从事童装类行业，外来流动人口在本地从事家庭作坊式的生产和加工，甚至有些流动人口成长为企业主，在劳动力市场和产品市场形成了竞争关系。由于童装产业准入门槛低，新企业不断增多，劳动力紧缺成为织里童装企业面对的突出问题，据统计，近年来，织里镇每年劳动力缺口在

5 万人左右。这一方面导致劳动力的工资上涨，在企业未能有效升级的情况下，企业利润必然变薄；另一方面，由于织里的外来人口集中来自于几个地方，由于老乡等关系的存在，外地企业主可能更容易招到工人。大量家庭作坊式企业的存在，客观上也使得产品市场的竞争更加激烈。由于织里本地人和外地流动人口的服装大多是简单仿制，同质性较强，因此随着规模的增长，企业之间的竞争主要是价格竞争，从而影响本地企业利润的提高。同时，地方政府都存在产业转型升级的压力，一些地方想借助提高税收水平等措施加大低端产业的成本，如织里镇为了淘汰规模小、档次低、质量差的童装企业，大幅度增加对作坊式企业的税收标准，逼迫其离开，客观上对外地企业主产生较大的影响。

4. 用于流动人口及其家庭公共服务的财政投入不足，外来人口和本地居民对公共资源的竞争日益激烈

如织里镇本地人口仅为外地流动人口的 1/2，目前各种公共资源仍然按户籍人口配置，巨量的外来人口必然在教育、医疗等公共服务方面影响本地人的利益。另一方面，保障流动人口公共服务均等化的政府间财政分担机制尚未形成，国家针对农民工公共服务财政转移支付不能满足需要，实际的投入责任大多落在了地方、企业和个人肩上。作为农民工主要流入地的东部沿海发达地区政府，特别是特大城市和人口倒挂的特大镇，财政压力较大，对流动人口公共服务的投入不足。

第五章

进一步加强倒挂地区流动人口管理的政策建议

为防止流动人口群体性事件的发生，人口倒挂地区应切实转变重经济建设、轻社会管理，重户籍人口服务、轻外来人口服务的思想观念，加强面向流动人口的各项服务，畅通社会参与渠道，促进流动人口的社会融合。特别是要处理好本地产业升级和保障流动人口经济权益的关系，把促进流动人口在本地市民化和有序分流外来人口结合起来，从根本上消除引发流动人口群体性事件的经济社会根源。

一、进一步加强服务管理工作

1. 强化基层服务管理功能

做好流动人口服务管理工作，关键在基层，在乡镇和村居。首先，要做实社区人口综合服务平台。在社区规划建设综合性、多功能的社区服务站或服务中心，强化其“社区公共服务，社区志愿服务，社区便民利民服务和社区综合治理”职能。加强社区服务人才队伍和信息化建设，提高社区工作人员的收入水平，吸引高素质人员进入社区工作。对于流动人口聚集的社区，可吸引流动人口加入社区服务队伍。推进互助和参与式管理，促进流动人口和本地居民之间的交流和融合。其次，要理顺管理体制。根据“明确职能，中心下移，钱随事走”的原则，切实解决基层社会管理体制条块分割、乡镇和社区职能不清、社区经费得不到有效保障等问题。对于常住人口较多、流动人口比重较高的社区，应根据实际情况进行分设，使社区管理人员和实有人口保持合理的比重。对于常住人口较多的特大镇，可根据人口规模、经济总量适当增加人员编制，提高管理权限。对于具备条件的，可设立镇级市。

2. 做好流动人口管理的基础性工作

首先，要理顺流动人口管理体制，明确主管部门，解决综合治安、人口计生、农民工办等部门都管理但都管不到底的问题。其次，要按照资源整合、集中管理、互联互通的原则，以社区人口信息系统建设为源头，加快建立流动人口服务管理综合信息系统，推动国家人口基础信息库建设。将人口信息采集和基本公共服务提供紧密结合起来，以人口普查、人口抽样调查和流动人口服务管理综合信息系统登记的人口数为依据，按常住人口制定城乡发展规划，安排公共财政转移支付。

3. 完善应急管理体系，提高群体性事件的预防和处置能力

从两大事件的回波现象可以看到，在事件发生 4 小时后大概是回波现象发生的时间。这要求政府有良好的应急预案，主要领导人应一线指挥，在事件发生后能迅速平抑事态蔓延，阻止回波现象的发生。目前，我国流动人口群体性事件大部分发生在县以下层级，因此应将完善基层应急管理体系、提高群体性事件处置能力作为重点。一是要

制定可操作性的应急管理预案，改变“依葫芦画瓢”、从上级政府的应急管理预案中照搬照抄的情况，人口倒挂区、聚集区尤其要注重分析流动人口的空间分布、社会网络、隐形组织发展等情况，增强应急管理预案的针对性。二是构建重大项目改革的社会矛盾和风险评估制度。对当地涉及公众利益的改革政策或重大项目进行风险评估，除了经济风险，要更加注重社会风险评估，培育社会风险评估人员和机构。三是健全舆情信息收集分析系统，提升对群体性事件的全过程信息管理能力。健全各层级的舆情信息收集分析系统，提高工作人员的政治敏锐性和鉴别力，及时收集、监控、分析和上报社会舆情变化，尤其是要高度重视对网络舆情的收集整理分析工作，做好社会舆情的引导和回应。在群体性事件发生后，应“第一时间”了解相关舆情信息，及时、客观发布信息，遏制流言和谣言的扩散。利用公众对第三方发布的信息会比较容易接受这一心理特点，通过大众媒体的信息发布，增加政府行为的透明度和曝光度，强化政府公信力。

4. 加强流入地政府和流出地政府之间的协作

人口倒挂地区外来人口多以乡缘集聚，这为流入地政府和流出地政府之间加强协作、建立长效协作管理机制创造了条件。安徽省安庆市潜山县在浙江织里镇设立流动党支部、计生协会等机构，这些机构在安徽工作组协助湖州市处理织里群体性事件过程中发挥了重要作用。应大力推广流出地政府在流入地设立流动党支部、计生协会、行业协会等做法，鼓励流出地政府和流入地政府定期交流信息，定期互访，成立流动人口服务管理协作办公室，共同提高对流动人口的各项服务管理水平。

二、完善公共服务体系，实现流动人口公共服务全覆盖

1. 加强公共就业服务，促进流动人口多渠道转移就业

坚持“就业优先”，建立健全人力资源市场，完善公共就业服务体系，积极引导农业转移人口外出就业，鼓励农业转移人口就地就近转移就业，扶持农业转移人口返乡创业，促进农业转移人口稳定就业、体面就业。

2. 加强技能培训和职业教育，着力提升流动人口职业技能素质

建立健全农业转移人口自主选择、产学结合、校企结合的市场导向和政府购买服务的培训教育体制，加快实现农业转移人口培训资金省级统筹和国家统筹。以企业、技工院校和农业转移人口培训基地为主，力争每年新增转移就业的农业转移人口都能得到一次技能培训。尽快实现农村“两后生”免费接受中等职业教育。

3. 强化输入地政府属地管理责任，切实保障流动人口子女的教育权利

大力实施“以流入地政府为主、普惠性幼儿园为主”的政策，逐步普及农业转移人口随迁子女学前三年教育；进一步落实农业转移人口随迁子女在输入地全日制公办中小学平等接受义务教育的政策，实行与城镇户籍学生混合编班，促进社会融合；落实异地高考政策，将农业转移人口随迁子女纳入就业地中等和高等职业教育招生范围，对于连续在本地就读的，应允许在本地参加中、高考。

4. 根据常住人口配置公共服务资源，保障流动人口平等享有基本医疗卫生和计划生育服务

要合理调整基层医疗卫生机构布局，提高农业转移人口集中的基

层社区医疗卫生机构服务能力，加强疾病预防控制工作力度。推广跨地区指定定点医疗机构的经验，解决农业转移人口异地看病报销难等问题。加强基层计划生育网络建设，建立国家和省级流动人口经费保障制度和财政转移支付制度，推进农业转移人口计划和生育基本公共服务均等化。

5. 完善政策措施，扩大流动人口社会保障覆盖面

健全各类社会保险跨地区、跨制度间的转移衔接办法，提高农业转移人口参加城镇社会保障的比例。争取到“十二五”期末，实现社会保险对农业转移人口群体的广覆盖，“十三五”期末，实现全覆盖。健全社会救助制度，将符合条件的农业转移人口纳入城市最低生活保障范围。

6. 逐步将农业转移人口纳入住房保障范围，改善流动人口居住条件

将农业转移人口住房纳入城镇住房保障规划，引导农业转移人口集中的开发区或工业园区建设农民工公寓。制定适合农业转移人口特点的住房公积金缴存和使用办法，扩大农业转移人口住房公积金制度覆盖面。支持农业转移人口通过租、购、集体宿舍等多种方式解决住房问题。

三、深化户籍制度改革，推进流动人口市民化进程

1. 有序放宽各类城市的落户政策

尽快放宽中西部人口倒挂的中小城市和小城镇的落户政策，只要

有合法稳定职业和住所（含租赁），同时按照国家规定参加社会保险达到一定年限的人员，本人及其共同居住生活的配偶、未婚子女、父母可申请落户。同时，也要完善沿海地区、大城市周边地区的户口迁移政策，制定阶梯式政策通道，实现农业转移人口有序落户。

2. 全面实行居住证制度，完善从居住证到落户的制度通道

以居住证为载体，实行省级行政区域内“一证通”，融居住登记和就业、社保、租房、教育、计生等多种服务管理功能于一体，并根据各地实际情况逐步提高“含金量”，保障暂不具备落户条件或不愿意落户的农业转移人口在劳动报酬、子女就学、社会保障、技能培训、公共卫生等方面的合法权益。建立从居住证到落户的制度通道，为办理居住证并在当地连续居住、参加社会保险达到一定年限的农业转移人口落户提供保障。

四、创新社会治理机制，畅通流动人口利益表达渠道

1. 畅通现有的制度化的利益表达渠道

逐步完善相关法律，健全多种形式的农业转移人口权益表达渠道。对于持有居住证有一定年限的农业转移人口，应允许其依法参加城市社区民主选举和管理。逐步增加农业转移人口在流入地党代会、人代会代表和政协委员的名额。发挥社区的社会融合功能，促进农业转移人口融入城市生活，与城市居民和谐相处。推广浙江宁波、广东东莞等地的做法，在人口倒挂地区建立“新市民局”、“新市民服务中心”，建立“虚拟社区”，把流动人口纳入服务管理范围。

2. 构建多元的“非组织化”的利益表达渠道

完善信访制度、网站投诉专栏及信箱、官员接待日、电话、网络微博等。特别是随着现代科技的发展，网络科技的力量日益在公众利益表达中成为较有影响力的新渠道，应充分利用网络，积极营造良好的公共舆论氛围，时刻关注民众的意见和呼声，及时分析、积极反馈、有效回应，从而形成对制度性利益表达渠道的一个有力的补充，以在制度上保证一个“下情上传，上情下达”的立体通道，把矛盾、冲突消解在萌芽状态，避免积聚爆发。

3. 建立制度化的利益提炼和凝聚机制

由于单个的人表达的自身利益诉求是散射性的，每一个人的情况都不一样，具体的要求也是五花八门，需要一个提炼和凝聚的过程，使得自然的散射要求能够接近决策的层面，从而避免成为情绪化的语言而累积社会矛盾，酿成社会问题。因此，应建立健全制度化的利益提炼和凝聚机制，善于听取不同的声音并综合转换成为社会政策，尤其是弱势群体的呼声，并通过后续的各种政策的执行和实施，让社会各利益群体能够公正、合理地共享社会发展的成果，同时尽量公平地承担发展的成本。

五、把本地产业升级与鼓励农民工返乡就业创业结合起来，逐步分散流动人口

随着沿海地区要素成本的上升和政府的政策导向，很多企业开始加大设备投资，用机器替代劳动力，提高劳动生产率，或将生产环节向中西部地区迁移，缓解成本上升的影响。这一过程客观上会减少本

地的就业人口，逐步缓解人口倒挂现象，同时形成新一轮产业转移和劳动力转移的趋势。应结合这一趋势，鼓励农业转移人口返乡创业和再就业，引导新增农业转移人口就近就地转移就业，并使更多的流动人口在家乡城市（城镇）落户定居。中西部地区应抓住产业转移的有利时机，促进特色产业、优势项目向中小城市、县城和重点镇集聚，加大中小城市、县城和重点镇的基础设施和社会服务建设投入力度，提高综合承载能力。

六、建立适应流动人口市民化趋势的公共财政分担机制

应进一步明确中央政府、省级政府和城市政府在推进农业转移人口市民化方面的主要职责。中央政府主要负责制定基本公共服务全国最低标准，依法承担义务教育、社会保障、公共卫生等基本公共服务成本，增加对接受跨省农业转移人口较多省份的支出补助。省级政府主要负责制定本省（区、市）公共服务标准，承担公共服务成本省级负担部分，增加对接受跨市农业转移人口较多城市的支出补助。城市（含区县）政府要承担公共服务成本市（县）级分担部分，以及基础设施建设和运营成本。

同时，要适应农民工市民化的客观趋势，进一步完善财税制度，以常住人口作为财政分成依据来调整各级政府之间的财政分配关系。健全中央和省两级专项资金转移支付制度，对吸纳流动人口较多的城市给予资金补助。

中篇

专题研究

专题一

七市人口倒挂地区流动人口调查数据分析报告

一、基本情况

本次调查总样本共5557个，分布在北京、上海、广东、浙江、江苏、山东共6个省，7个市（山东包括青岛和德州市）。样本分布如表1所示。其中，绝大部分流动人口携带配偶和子女外出。被调查的流动人口中携带配偶外出的有4077个，占总样本的73.4%；携带子女外出的有3293个，占59.3%。

表1 样本个数及分布

地 区	样本数	占比（%）
北京市	360	6.5
德州市	40	0.7
广州市	1040	18.7
湖州市	320	5.8
青岛市	1557	28.0
上海市	1000	18.0
苏州市	1240	22.3
合 计	5557	100.0

被调查流动人口中男女比例相差不大，其中女性样本2816个，以50.7%的占比略高于男性。大部分被调查流动人口出生于1970～1990年，“80后”、“70后”人口分别占42.4%和32.9%（见表2）。受教育程度以初中为主，且多为农业人口。调查显示，被调查流动人口中有2893个流动人口为初中学历，占52.1%（见表3）。农业户口4678人，占总样本的比重为84.2%，非农业户口873人，占15.7%。

表2　年龄分组

年　龄	样本数	占比（%）
1969年12月31日前出生	727	13.1
“70后”	1829	32.9
“80后”	2358	42.4
“90后”	643	11.6
合　计	5557	100.0

表3　受教育程度

受教育程度	样本数	占比（%）
未上过学	52	0.9
小　学	619	11.1
初　中	2893	52.1
高　中	868	15.6
中　专	461	8.3
大学专科	429	7.7
大学本科	222	4.0
研究生	13	0.2
合　计	5557	100.0

被调查流动人口目前全部在本地居住，其中有3625个样本是从外省迁入的，占总样本数的65.2%，从外市和外县迁入的分别只占

30.8%和4%。调查显示，被调查流动人口比例随着在本地居住时间的增加而减少，半数被调查流动人口在本地居住时间在5年以内。其中，在本地居住1年以下的有1809个，占总样本的32.6%；1~4年的有1740个，占31.3%；5~10年的有1240个，占22.3%；10年以上的有768个，占13.8%。虽然很多被调查流动人口在本地居住时间较短，但大部分已领取了暂住证/居住证，且绝大部分处于就业状态。调查显示，领取暂住证/居住证的样本有4695个，占总样本的84.5%，处于就业状态的有4773人，占总样本的85.9%（见表4）。

表4　就业状况

就业状况	样本数	占比（%）
就　业	4773	85.9
务　农	51	0.9
失　业	94	1.7
无　业	180	3.2
操持家务	427	7.7
在　学	29	0.5
退　休	3	0.1
合　计	5557	100.0

二、就业状况

（一）职业

被调查流动人口从事商业服务业及与生产相关职业的最多。调查显示，从事商业服务业的被调查者有2289个，占总样本的41.2%，占有效样本的比重为47.4%（见表5）。

表5 被调查流动人口从事的主要职业

职业		样本数	占总样本的比重（%）	占有效样本的比重（%）
有效数据	国家机关、党群组织、企事业单位负责人	29	0.5	0.6
	专业技术人员	506	9.1	10.5
	公务员、办事人员和有关人员	82	1.5	1.7
	经商、商贩、餐饮、家政、保洁、保安、装修、其他商业服务业人员	2289	41.2	47.4
	农、林、牧、渔、水利业生产人员	75	1.3	1.6
	生产、运输、建筑、其他生产运输设备操作人员及有关人员	1759	31.7	36.5
	无固定职业	24	0.4	0.5
	其他	60	1.1	1.2
	合计	4824	86.8	100.0
缺失项		733	13.2	
合计		5557	100.0	

（二）单位性质

被调查流动人口单位性质以私营企业和个体工商户为主。其中，在私营企业就职的样本数为1662个，占总样本的29.9%；其次为个体工商户（见表6）。

（三）就业情况

被调查流动人口就业身份多半为雇员。调查显示，雇员占总样本的58.8%；其次为自营劳动者，占比为19.6%。

随着年龄的增加，做雇员的比例逐渐减少，雇主比例逐渐增加。调查显示，“90后”、“80后”、“70后”和1970年以前出生的人口作

表6 被调查流动人口就业的单位性质

单位性质		样本数	占总样本的比重（%）	占有效样本的比重（%）
有效数据	土地承包者	34	0.6	0.7
	机关事业单位	56	1.0	1.2
	国有及国有控股企业	162	2.9	3.4
	集体企业	120	2.2	2.5
	个体工商户	1490	26.8	30.9
	私营企业	1662	29.9	34.5
	港澳台企业	335	6.0	6.9
	日韩企业	210	3.8	4.4
	欧美企业	59	1.1	1.2
	中外合资企业	329	5.9	6.8
	其他	28	0.5	0.6
	无单位	339	6.1	7.0
	合计	4824	86.8	100.0
缺失项		733	13.2	
合　计		5557	100.0	

为雇员身份的比重分别占92.4%、73.1%、56.9%和56%，作为雇主的比例分别为1.6%、7%、11.9%和12.9%。

学历越高，做雇员的比例越高。调查显示，13名研究生均为雇员身份，大学本科学历的有88.8%为雇员，大专有82.4%，中专有79.5%。雇主身份比例最高的为高中学历的人口，占高中学历人口的比重为10.7%。小学和未上过学的被调查者中自营劳动者分别占32.2%和26.2%。做家庭帮工比重最高的为初中学历流动人口，比例为1.3%。

非农业人口就业身份为雇员和雇主的比例高于农业人口，自营劳动者和家庭帮工的比例低于农业人口。调查显示，非农业户口的样本，作为雇员和雇主的比例分别为72.2%和11.6%，农业人口样本分别占66.9%和8.2%，均低于非农业人口；农业人口为自营劳动者和家庭帮工的比例分别为23.9%和0.9%。

就业流动人口作为雇员和雇主的比例高于务农流动人口，作为自营劳动者和家庭帮工的比例低于务农流动人口。调查显示，就业样本中，就业身份为雇员的比重为68%，雇主的为8.8%；务农样本中雇员和雇主比例分别为39.2%和7.8%，低于就业样本；过半务农人口为自营劳动者，占51%，家庭帮工占2%。

随着迁移距离的增加，雇员的比例增大，自营劳动者和家庭帮工的比例减小，距离对雇主比例影响不大。调查显示，跨省流动、省内跨市、市内跨县样本中雇员比例分别为70%、64.2%、56.8%，为自营劳动者的比例分别为20.3%、26.4%、33.3%，家庭帮工的比例分别为0.9%、0.9%、1.1%；作为雇主的比例分别为8.8%、8.6%、8.7%。

在本地居住时间越长，从事雇员的比重越小，作为雇主和自营劳动者的比重越高。调查显示，在本地居住1年以下、1~4年、5~10年、10年以上的样本雇员身份的比重分别为78.4%、66.5%、62.2%、54.2%；反之，四个阶段雇主身份的样本比重分别为5.1%、8%、12.1%和14%；自营劳动者身份比例分别为15.4%、24.5%、25.3%和31.2%。在本地居住时间不同的流动人口中，家庭帮工的比例都在1%左右。

（四）住房情况

被调查流动人口的住房多半为租住私房。调查显示，租住私房样本占总样本的比重为60.5%（见表7）。

表7　　被调查流动人口的住房性质

住房性质	样本数	占比（%）
租住单位雇主房	317	5.7
租住私房	3361	60.5
政府提供廉租房	102	1.8
单位雇主提供免费住房	515	9.3
借住房	82	1.5
就业场所	252	4.5
自购房	878	15.8
自建房	22	0.4
其他非正规居所	28	0.5
合　计	5557	100.0

被调查人口的年轻样本倾向于租住单位雇主房或单位雇主提供免费住房；"80后"租住私房比例最高，"70后"自购房比例最高。调查显示，"90后"租住单位雇主房和单位雇主提供免费住房的比重分别为12.9%和23.8%。"80后"租住私房的比重达63.9%。1970年以前出生的样本租住廉租房和在就业场所居住的比例最高，分别为2.2%和5.4%；"70后"自购房比例为21.3%。

学历越高的样本，进行自购房的比例越高，租住私房的比例越低。调查显示，大学本科和研究生学历样本拥有自购房的比例分别为50.9%和76.9%；研究生学历样本租住私房的比例为15.4%，高中及以下学历样本租住私房的比例都过半；租住单位雇主房的比例最高的是中专学历样本，占8.5%；大学本科租住廉租房的比例最高，为4.1%；单位雇主提供免费住房的比例最高的是未上过学的样本，占13.5%。

非农业流动人口自购房比例较高，农业流动人口中租住私房和单位雇主提供免费住房的比例较高。调查显示，非农业人口42.31%住房为自购房，农业人口为12.72%；农业流动人口中租住私房的比例为69.12%，高于非农业人口的52.75%；农业流动人口住房为单位雇主提供免费住房的比例为8.41%，高于非农业人口的1.65%；农业流动人口租住单位雇主房的比例为4.52%，高于非农业人口。其他住房形式差别不大。

就业样本租住单位雇主房、单位提供免费住房和在就业场所居住比例最高，操持家务样本租住私房和政府提供廉租房比例为最高，退休和在学样本自购房比例较高。调查显示，就业样本租住单位雇主房、单位提供免费住房和在就业场所居住比例分别为6.3%、10.7%、5%；操持家务样本租住私房和政府提供廉租房比例为74%和2.6%，其他就业状况样本租住私房比例基本维持在60%左右；退休和在学样本自购房比例分别为100%和48.3%；务农样本自建房的比例占11.8%，在其他非正规居所居住的比例占15.7%，都高于其他就业状况样本。

随着迁移距离增加，样本租住私房和自购房比例降低，租住单位雇主房和单位提供免费住房的比例增加。调查显示，随着迁移距离增加，样本租住私房的比例分别为67.7%、61.4%、59.6%；自购房比例分别为21.8%、18%、14.4%；租住单位雇主房的比例分别为3.2%、5.5%、6%；雇主提供免费房的比例分别为3.6%、9%、9.7%；借住房比例分别为0%，0.5%、2%；只有2.8%的跨省流动样本享受政府提供的廉租房，省内跨市和市内跨县样本则没有；省内跨市样本在就业场所居住的比例最高，为5.1%；自建房和在其他非正规场所居住的比例均较低。

在本地居住时间越长，租住私房和单位雇主提供免费住房的比重越低，自购房比重越高。在本地居住1年以下样本中，有63.4%为租住私房，15.6%为单位雇主提供免费住房，5.7%自购房；在本地居住1～4年的61.6%租住私房，7.7%单位雇主提供免费住房，16.6%自购房；在本地居住5～10年的58.3%租住私房，5.8%单位雇主提供免费住房，20.9%自购房；在本地居住10年以上的有54.7%租住私房，3.5%单位雇主提供免费住房，自购房比例达29.4%。租住单位雇主房比例最高的是在本地居住1年以下的样本；在本地居住10年以上的政府提供廉租房的比例最高；在本地居住5～10年的借住房比例最高。在本地居住1～4年的在就业场所居住比例最高。

国家机关的被调查人员自购房和租住廉租房的比例较高；无固定职业者、商业服务业人员、生产运输人员租住私房的比例较高。调查显示，国家机关、党群组织、企事业单位负责人和公务员办事人员及有关人员自购房的比例分别为51.7%和45.1%；无固定职业者、商业服务业人员和生产运输人员租住私房的比例分别为70.8%、63.3%、59.6%。

雇员和家庭帮工租住雇主房和单位提供免费住房的比例较高，雇主自购房的比例最高，自营劳动者租住私房的比例较高，雇员居住政府廉租房的比例最高。调查显示，雇员和家庭帮工租住单位雇主房的比例分别为7.5%和7.1%，单位提供免费住房的比例分别为15.6%和7.1%，自营劳动者租住私房和在就业场所居住的比例分别为73.91%和13.04%；雇主自购房的比例为23.2%；自营劳动者租住私房的比例达67.3%；雇员居住政府廉租房的比例较高，为2.3%。

随着收入增加，租住雇主房和单位提供免费住房的比例降低，自购房比例增加。调查显示，从低到高、不同收入水平样本租住雇主房的比例分别为11.6%、6.7%、4.3%、4.2%、3.2%，单位提供免费住房的比例分别为22.2%、14.6%、4.7%、2.6%、1.2%，自购房比例分别为 3.2%、6.7%、14.6%、26.8%、45.4%；收入在 6001～9999 元的样本政府提供廉租房的比例最高；收入在 4001～6000 的样本租住私房的比例最高。

（五）职工医保情况

绝大部分被调查者在本地不能享有城镇职工医疗保险。在本地享有医疗保险的样本占总样本的 31.6%；不享有医疗保险的占 65.3%；有 3.1% 的被调查流动人口不清楚是否享有职工医疗保险。

“80 后”享受职工医疗保险的比重最高，1970 年以前出生的被调查者享受的比例最低。调查显示，“80 后”样本享受城镇职工医疗保险的比重为 36.2%；1970 年以前出生的样本不能享受城镇职工医疗保险的比例最高，达 73.7%；“90 后”样本不清楚城镇职工医疗保险的比重最高，为 5.4%。

享有城镇职工医疗保险的比重与学历成正比，初中及以下样本对城镇职工医疗保险了解相对较少。调查显示，大专及以上学历样本中享有城镇职工医疗保险的比重超过 60%；未上过学的样本不能享有城镇职工医疗保险的比重最高，达 86.5%；小学样本不清楚是否享有医疗保险的比例最高，为 3.9%。

被调查流动人口中，非农业样本享有城镇职工医疗保险的比重远高于农业样本。调查显示，非农业人口样本中有 50.5% 享有城镇职工医疗保险，有 3.4% 农业人口不清楚是否享有城镇职工医疗保险。

市内跨县享有城镇职工医疗保险的比重最高，省内跨市最低。调查显示，市内跨县、跨省流动、省内跨市样本享有城镇职工医疗保险的比重分别为 33.2%、32.4%、29.6%。

在当地居住时间较长的样本享有城镇职工医疗保险的比重较高。

调查显示，在本地居住1～4年的样本享有城镇职工医疗保险的比重最高，为35.9%；在本地居住1年以内的流动人口没有享有城镇职工医疗保险和不清楚的比重最高，分别达70.4%和4.5%。

欧美企业样本享有城镇职工医疗保险的比重最高，无单位者和个体工商户最低。欧美企业样本享有城镇职工医疗保险的比重达89.8%。除无单位和其他性质单位外，个体工商户没有享有城镇职工医疗保险的比重最高，为87.4%。土地承包者不清楚是否享有城镇职工医疗保险的比重最高，为5.9%。

（六）医疗报销

医疗报销以付费时直接减免居多。在对此项问题作答的1756人中，付费时直接减免的样本占总样本的60.0%；先付费后报销的占总样本的24.5%；不清楚如何付费的占总样本的15.5%。

三、生活与感受

（一）社区活动情况

1. 社区文体活动

参加过社区文体活动的样本不足两成。调查显示，只有1027个样本参加过社区文体活动，占总样本的比例为18.5%。

年轻样本参加社区文体活动的比例相对较高。调查显示，“90后”参加社区文体活动的比例最高，占总样本的20.1%；1970年以前出生的样本参加的比例最少，为15.4%。

学历越高，参加社区文体活动的比例越高。调查显示，研究生参加社区文体活动的比例最高，为38.5%；其次为大学本科；小学学历样本参加社区文体活动的比例最低，为13.7%。

非农业户口样本参加社区文体活动的比例高于农业户口样本。调查显示，非农业样本中有25.5%参加社区文体活动，比农业样本高8.4个百分点。

离婚样本参加社区文体活动的比例最高。调查显示，23.9%的离婚样本参加社区文体活动；丧偶样本参加的比例最低，为9.1%。

在学样本参加社区文体活动的比例最高。在学样本参加社区文体活动的比例达到51.7%；务农样本参加的最少，为13.7%。

随着流动范围增加，参加社区文体活动的比例降低。调查显示，市内跨县样本参加社区文体活动的比例最高，为29.5%；其次为省内跨市；跨省流动样本参加的最少，占16.1%。

新流入样本参加社区文体活动的比例最低。调查发现，在本地居住1~4年的样本参加社区文体活动的比例最高，为21.1%；在本地居住1年以下的样本参加社区文体活动的比例仅为14.6%。

国家机关党群组织企事业单位负责人参加社区文体活动的比例最高。调查显示，国家机关党群组织企事业单位负责人参加社区文体活动的比例为31%，从事生产相关工作和商业服务业的样本参加社区文体活动的比例较低，分别为16.1%和17.5%。

雇主和家庭帮工参加社区文体活动的比例较高。调查显示，雇主参加社区文体活动的比例占19.1%，家庭帮工为19%，自营劳动者参加的比例最低，为16.9%。

自购房样本参加社区文体活动的比例最高。调查显示，自购房参加社区文体活动的比例为32.8%；政府提供廉租房的样本参加社区文体活动的比例最低，为12.7%。

高收入样本参加社区文体活动的比例相对较高。调查显示，收入在1万元以上的样本参加社区文体活动的比例最高，为24.1%；收入在2000元以下的样本参加社区文体活动的比例最低，为13.3%。

2. 社会公益活动

少数人参加过社会公益活动。调查显示，有1231人参加过社会公益活动，占总样本的22.2%。

青壮年参加社会公益活动的比例较高。调查显示，“70后”参加社区文体活动的比例最高，占24.4%；“90后”最低，为15.4%。

高学历样本参加社会公益活动的比例最高。调查显示，研究生参加社会公益活动的比例最高，达46.2%；小学学历样本参加社会公益活动的比例最低，仅12%。

非农业样本参加社会公益活动的比例高于农业样本。调查显示，非农业样本参加社会公益活动的比例为32.8%，高于农业样本的比例12.7个百分点。

再婚样本参加社会公益活动的比例最高。调查显示，再婚样本中参加社会公益活动的比例为27.6%；其次为离婚样本；丧偶样本参加的比例最低，为9.1%。

在学样本中参加社会公益活动的比例最高。调查显示，在学样本中有41.4%参加社会公益活动；失业样本参加的比例仅为12.8%。

省内跨市流动样本中参加社会公益活动的比例最高。调查显示，省内跨市样本中参加社会公益活动的比例为22.7%；其次为跨省流动，占22.1%；市内跨县流动样本中参加社会公益活动的比例最低，为18.2%。

随着在本地居住时间的增加，参加社会公益活动的比例也增大。调查显示，在本地居住10年以上的样本参加社会公益活动的比例最高，为28.5%；居住1年以内的样本中参加社会公益活动的比例最低，为15.4%。

公务性质职业的样本中参加社会公益活动的比例较高。调查显示，除其他职业外，公务员办事人员和有关人员中参加社会公益活动的比例最高，为41.5%；农林牧渔水利生产人员参加社会公益活动的比例最低，为10.7%。

雇主参加社会公益活动的比例最高。调查显示，雇主中参加社会公益活动的比例占26.2%；自营劳动者中参加的比例仅为20.4%。

自购房样本中参加社会公益活动的比例最高。调查显示，自购房样本中有38.3%参加社会公益活动；自建房和在其他非正规居住场所居住的样本参加社会公益活动的比例最低，分别为4.5%和0%。

参加社会公益活动的比例与收入成正比。调查显示，收入在1万元以上的样本中32.8%参加社会公益活动，收入不足2000元的样本中只有6.8%参加过社会公益活动。

3. 计划生育协会活动

少数人参加过计划生育活动。调查显示，有1307个样本参加过计划生育活动，占总样本的23.5%。

“70后”样本参加计划生育协会活动的比例最高。调查显示，27%的“70后”样本参加计划生育活动；“90后”样本参加的比例最低，为13.7%。

高中学历样本中参加计划生育协会活动的比例最高。调查显示，24.7%高中学历样本参加计划生育协会活动；其次为大学专科学历样本，比例为24.2%；研究生学历样本中没有人参加计划生育活动。

农业户口样本和非农业样本中参加计划生育协会活动的比例相差不大。调查显示，有23.6%的农业户口样本参加计划生育协会活动，这一比例在非农业户口样本中占23.3%。

丧偶样本中参加计划生育协会活动的比例最高。调查显示，丧偶人员中有27.3%参加过计划生育协会活动；离婚样本中参加的比例最低，为10.9%。

务农样本中参加计划生育协会活动的比例最高。调查显示，务农人口中35.3%参加过计划生育协会活动；其次为退休样本；无业样本参加计划生育协会活动的比例最低，为21.7%。

流动范围越大，参加计划生育协会活动的比例越低。调查显示，市内跨县样本中参加计划生育协会活动的比例为32.3%；其次为省内跨市样本，占28.1%；跨省流动样本参加计划生育协会活动的比例最低，为20.8%。

在本地居住1~4年样本中参加计划生育协会活动的比例最高。调查显示，在本地居住1~4年的样本参加计划生育协会活动的比例为27.5%；在本地居住1年以内的样本中参加的比例最低，为18.4%。

国家机关党群组织企事业单位负责人参加计划生育协会活动的比例最高。调查显示，国家机关党群组织企事业单位负责人参加计划生育协会活动的比例为31%；其次为无固定职业者；农林牧渔水利生产人员参加的比例最低，为16%。

雇主参加计划生育协会活动的比例最高。调查显示，33.8%的雇主参加过计划生育协会活动；雇员参加的比例最低，为20.4%。

政府提供廉租房的样本中参加计划生育协会活动的比例最高。调查显示，政府提供廉租房的样本中有40.2%参加计划生育协会活动；其次为自购房样本；借住房样本中参加的比例最低，为11%。

中高收入的样本参加计划生育协会活动的比例较高。调查显示，收入在6000~10000元的样本中参加计划生育协会活动的比例最高，为28.1%；收入小于2000元的样本参加的比例最低，为16.4%。

4. 社区卫生、健康教育活动

相比其他活动，参加过社区卫生、健康教育活动的样本最多。调查显示，参加社区卫生、健康教育活动的样本有1473个，占总样本的26.5%。

“70后”参加社区卫生、健康教育活动的比例最高。调查显示，“70后”中有28.9%参加社区卫生、健康教育活动；“90后”参加活动的比例占23.2%。

大专学历样本中参加社区卫生、健康教育活动的比例最高。调查显示，大学专科学历样本中有33.8%参加社区卫生、健康教育活动；初中学历样本中参加的比例最低，为24.3%。

非农业样本参加社区卫生、健康教育活动的比例较高。调查显示，非农业户口的样本中有32.6%参加社区卫生、健康教育活动。

丧偶样本参加社区卫生、健康教育活动的比例最高。调查显示，丧偶样本中36.4%参加社区卫生、健康教育活动；其次为初婚样本中的比例，为27.4%；未婚样本中参加的最少，比例为22.7%。

务农样本参加社区卫生、健康教育活动的比例最高。调查显示，务农样本中45.1%参加社区卫生、健康教育活动；失业样本中参加的比例最低，为24.5%。

随着流动范围增大，参加社区卫生、健康教育活动的比例降低。调查显示，市内跨县流动样本参加社区卫生、健康教育活动的比例最高，为31.8%；其次为省内跨市样本，为28.7%；跨省流动样本中参加的比例最低，为25.1%。

在本地居住1～4年的样本参加社区卫生、健康教育活动的比例最高，在本地居住5年以上的各类样本参加的比例基本相当。调查显示，在本地居住 1～4 年的样本参加社区卫生、健康教育活动的比例为 30.2%；在本地居住 1 年内的样本参加的比例最低，为 21.2%。

国家机关党群组织企事业单位负责人参加社区卫生、健康教育活动的比例最高。调查显示，国家机关党群组织企事业单位负责人参加的比例为 37.9%，农林牧渔水利生产人员参加的比例为 20%。

收入在 6000 元以上的样本参加社区卫生、健康教育活动的比例较高。调查显示，收入为 6000～10000 元的样本中参加社区卫生、健康教育活动的比例最高，为 32%；其次为收入高于 1 万元的样本；参加比例最低的是收入低于 2000 元的样本，为 19.1%。

（二）社交活动情况

被调查流动人口在业余时间与同乡联系最多，特别是户口在老家的同乡，占总样本的 48.3%（见表 8）。

表 8　业余时间在本地和谁来往最多（不包括顾客）

社交来往情况	样本数	占比（%）
无效数据	4	0.1
同乡户口在本地	676	12.2
同乡户口在老家	2684	48.3
其他本地人	941	16.9
其他外地人	765	13.8
很少与人来往	487	8.8
合　计	5557	100.0

随着年龄的增长，与同乡联系最多的比例减少，与其他人联系较多的比例增加。被调查者中，过半的“90 后”在业余时间与户口在老家的同乡联系最多，占 56.1%；“80 后”与其他外地人联系最多的比例最高，为 14.9%；“70 后”与户口在本地的人联系多的比例最高，

占12.7%；“70后”与本地其他人联系最多的比例也最高，占19.4%；1969年12月31日前出生的人很少与人来往的比例高于其他年龄阶段，为11.4%。

学历低的流动人口与同乡联系最多的比例较高。调查显示，中专及以下学历的被调查流动人口在业余时间与同乡联系最多的比例都过半；研究生学历样本与其他本地人联系最多的比例最高，占46.2%；大学本科学历样本与其他外地人联系最多的比重较高。

农业人口与同乡联系最多的比例高于非农业人口，但非农业人口与户口在本地的同乡联系最多的比例较高。调查显示，农业人口与同乡联系最多的比例占63.2%，非农业人口为46.1%；非农业人口与户口在本地的同乡联系最多的比例为14.1%，高于农业人口。

未婚样本与同乡联系最多的比例最高。被调查者中，未婚样本与同乡联系最多的比例达63.7%，其中同乡户口在老家的联系最多的比例就达52.4%。

不同就业状态在平时联系最多的人群也呈现一定差别。操持家务的样本与户口在本地的同乡联系最多的比例最高，占17.1%；务农人口与户口在老家的同乡联系最多的比例最高，达到74.5%，其次为操持家务和就业样本；退休和在学样本与其他本地人联系最多的比例较高，分别为66.7%和62.1%；退休样本与其他外地人联系最多的比例最高，为33.3%；务农样本和失业样本很少与人来往的比例较高，分别为12.8%和11.7%。

流动范围越大，与同乡联系最多的比例越高。调查显示，市内跨县流动样本与户口在本地的同乡来往最多的比例最高，占25%；省内跨市和跨省流动样本与户口在老家的同乡来往最多的比例较高，分别占43.8%和52%。

在本地居住时间越长的人，与同乡联系最多的比例越小，与其他本地人联系最多的比例越大。调查显示，在本地居住 10 年以上的样本中，与同乡联系最多的比例为 51.2%，而在本地居住 1 年以内的样本与同乡联系最多的比例占 65.9%；相反，25.3% 在本地居住 10 年以上的样本与其他本地人联系最多；在本地居住 1 年以内的样本很少与人来往的比例最高。

农林牧渔水利业生产人员与同乡联系最多的比例最高，从事公务性质的样本与其他本地人联系最多的比例最高。调查显示，农林牧渔水利业生产人员与户口在老家的同乡联系最多的比例最高，达 76%；从事其他生产行业的流动人口与同乡联系最多的比例也较高，占 56.9%；国家机关党群组织企事业单位负责人和公务员办事人员及有关人员与其他本地人来往最多的比例较高，分别为 44.8% 和 32.9%；国家机关党群组织企事业单位负责人很少与人来往的比例最高，占 13.8%。

就业身份不同，来往最多的人群也不同。雇员与户口在老家的同乡来往最多的比例最高，达 49.9%；雇主与户口在本地的同乡联系最多的比例最高，为 14.7%；家庭帮工与其他本地人来往最多的比例最高，为 26.2%；雇员与其他外地人来往最多的比例最高，自营劳动者很少与人来往的比例都最高。

住房状态在一定程度上影响流动人口的交往人群。租住单位雇主房的样本与同乡联系最多的比例最高，占 69.8%，其中与户口在本地的同乡联系最多的比例就达到 56.2%；自购房和自建房样本与其他本地人联系最多的比例较高，分别为 34.6% 和 27.3%；政府提供廉租房的样本与其他外地人联系最多的比例最高，为 52%；在就业场所居住的样本很少与人来往的比例最高，达 17.1%。

低收入样本偏向于与同乡联系，高收入样本偏向于与其他本地人联系。调查显示，收入在2000元以下的样本与同乡联系最多的比例为62.9%，随着收入升高，月收入在2001～4000元、4001～6000元、6001～9999元、1万元以上的比例依次为62.6%、62.6%、58.2%、48.7%；收入在10000元以上的样本与户口在本地的同乡联系最多的比例最高，为13.7%；收入在2000元以下的样本很少与人来往的比例也很高，占12.1%。

（三）幸福感分析

与老家相比，现在大多数人感觉幸福。其中，感觉很幸福的人占总样本的16.5%，感觉幸福的人占44.3%；也有极少数人觉得不幸福，感觉不幸福和很不幸福的人有111人，占总样本的2%。

年长的样本比年轻的样本在本地的幸福感更强。调查显示，1970年前出生的人感觉很幸福和幸福的比例最高，为66.5%；“70后”、“80后”和“90后”流动人口感觉很幸福和幸福的比例依次降低，分别为66%、59%和46.5%。“90后”人口感觉不幸福和很不幸福的比例最高，为4.2%。

幸福感与学历高低关系不大。初中学历人口感觉很幸福的比例最低，仅14.2%，大学本科感觉很幸福的比例为23.4%；研究生学历样本感觉幸福的比例最高，为53.8%；中专学历样本感觉一般和不幸福的比例较高。

被调查流动人口中，非农业样本的幸福感高于农业样本。调查显示，非农业样本中，感觉很幸福的比例达到23.6%，高于农业样本8.4个百分点。

再婚样本的幸福感更强。再婚样本感觉很幸福和幸福的比重为

77.6%；半数以上离婚、丧偶和未婚样本感觉一般；有3.7%的未婚人口和1.6%的初婚人口感觉不幸福或很不幸福。

务农和在学样本的幸福感更强。调查显示，在学样本感觉很幸福的比例最高，为24.1%，务农和退休样本感觉幸福的比例都达66.7%；就业样本感觉一般的比例最高，为37.9%；失业样本感觉不幸福的比重最高，为5.3%；有0.3%的就业样本感觉很不幸福。

随着流动距离增大，幸福感随之降低。市内跨县样本感觉很幸福和幸福的比重都最高，分别为26.4%和52.3%；跨省流动的样本感觉一般和不幸福的比重最大，分别为39.9%和2%。

随着居住时间的延长，感觉幸福的比例提升。在本地居住10年以上的样本感觉很幸福和幸福的比例都是最高的，分别达到21.6%和48.3%；刚迁入本地的样本感觉一般的人比较多，占总样本的44.9%。

国家机关党群组织企事业单位负责人和公务员办事人员和有关人员的幸福感较强。调查显示，国家机关党群组织企事业单位负责人感觉幸福和很幸福的比例最高，为93.1%；无固定职业样本感觉很幸福的比例最高，为33.3%；从事商业服务业等行业的样本感觉一般的比例最高，为36.4%；从事其他职业的样本感觉不幸福和很不幸福的比例之和最高，为3.4%。

雇主的幸福感最强。调查显示，雇主感觉幸福和很幸福的比例共达到70.7%；雇员感觉一般的比例最高，为40.4%；雇员中感觉不幸福或极不幸福的比例也最高，达2.2%。

自购房样本的幸福感较高。调查显示，自购房样本中感觉很幸福的比例占29.4%，远高于其他住房样本；政府提供廉租房的样本感觉一般的比例最高，占56.9%；租住单位雇主房的样本感觉不幸福和很不幸福的比例最高，分别占3.5%和0.9%。

与老家相比，各收入阶层大部分人都感觉幸福，其中高收入者在本地的幸福感更强。与老家相比，除收入低于2000元的样本，其他各收入阶层感觉幸福和很幸福的比例之和均在50%以上，其中收入高于10000元的样本感觉很幸福的比重最高，达到26.1%，收入为6000~10000元的样本感觉幸福的比重最大，达到50.9%。

（四）对现居城市的看法

1. *我喜欢我现在居住的城市*

97.5%的样本喜欢现在居住的城市。调查显示，基本上全部样本都喜欢现在居住的城市，只有2.5%的样本不喜欢或不太喜欢，完全肯定喜欢现在居住城市的样本比例达到44.3%。

年龄越大，越喜欢现居住的城市。调查显示，1969年12月31日前出生的样本中，98.4%非常肯定或基本肯定自己喜欢现居住的城市；"70后"非常肯定的比例最高，为48.4%；"90后"认为自己不喜欢或完全不喜欢这个城市的比例最高，分别占2.8%和1.1%。

非农业人口对现居城市的喜欢程度高于农业人口。被调查者中，非农业人口非常肯定自己喜欢现居住城市的比重为50.3%，远高于农业人口。

流动范围越小，非常肯定自己喜欢现居住城市的比例越高。市内跨县流动的样本非常肯定的比例最高，占62.3%；跨省流动人口基本同意自己喜欢现居住城市的比例最高，为57.1%。省内跨市流动人口认为自己不喜欢现居住城市的比例高于其他两个流动范围。

居住时间越久，完全同意自己喜欢现居住城市的比例越高。调查显示，在本地居住10年以上的流动人口完全同意自己喜欢现居住城市的比例最高，为53.3%；1年以内样本的完全同意该说法的比重最低，仅为38%；认为自己不喜欢现居城市的比重最高，比例合计为3.1%。

2. 我关注我现在居住的城市

95.6%样本关注现在居住城市的变化。调查显示，完全肯定自己会关注现在居住城市的样本占总样本的41.6%；基本同意的样本占总样本的54%；不同意自己关注的样本占总样本的3.8。另外，0.4%的样本完全肯定自己不关注现居城市的变化。

年龄越大，关注现居城市变化的比重越大。调查显示，1969年12月31日前出生的流动人口中97.3%的人关注现居城市的变化；“70后”关注现居城市变化的比重为96.8%；“80后”为95.8%；“90后”最低，为89.8%。

被调查流动人员中，非农业人口关注现居城市变化的比重高于农业人口。调查显示，非农业人口关注现居城市变化的比例为97.9%，其中完全同意自己关注现居城市变化的比例占49.8%，高于农业人口。

市内跨县样本关注现居城市变化的人口比例最高。市内跨县流动的样本关注现居城市变化的比例达99.1%，省内跨市和跨省流动关注的比例相当，分别为95.6%和95.3%。

在本地居住时间越长的流动人口，越关注居住城市的变化。调查显示，在本地居住10年以上的流动人口中97.7%会关注现居城市的变化，而在本地居住1年以内的流动人口中只有94.2%关注居住城市的变化。

3. 我很愿意融入本地人当中，成为其中一员

绝大多数样本愿意融入本地人当中，成为其中一员。调查显示，完全同意愿意融入本地人当中的有2362个样本，占总样本的42.5%；

基本同意的样本数有2774个，占49.9%；不同意的有371个，占6.7%；完全不同意的有46个，占0.8%。

“80后”样本最愿意融入本地人之中。调查显示，“80后”愿意融入本地人中的比例达到93.5%，其中非常肯定自己愿意的比例占43%；“90后”样本基本同意愿意融入本地人的占54.1%，不愿意融入的比例为17.3%，均高于其他年龄组。

非农户口样本比农业样本更愿意融入本地人当中。调查显示，非农业样本愿意融入的比例占94.2%，农业人口为92.1%。其中，非农业人口完全同意的比例为51.5%，高于农业人口。

流动范围小的流动人口更愿意融入本地人当中。调查显示，市内跨县流动人口愿意融入本地人当中的比例最高，达96.9%，由于距离较近，生活习惯相似性较高，也更容易融入本地人当中；而跨省流动人口因生活习惯改变相对较大，不愿意融入本地人当中的比例也较高，占7.9%。

在本地居住时间久的流动人口更愿意融入本地人当中。调查显示，在本地居住10年以上的流动人口愿意融入本地人当中的比例最高，达96.2%；其次为在本地居住5~10年的，占93.8%；在本地居住1年以内的人，愿意融入本地人当中的比例最低，为88.9%；居住10年以上的样本完全同意的比例也最高。

4. 我觉得本地人愿意接受我成为其中一员

大部分样本认为本地人愿意接受自己成为其中一员。调查显示，1813个样本完全同意本地人愿意接受自己，占总样本的32.6%；3161个样本基本同意，占56.9%；524个样本不同意，占9.4%；55个样本完全不同意，仅占1%。

年龄越大，认为自己被接受的比例越大。1970前出生的人认为自己被接纳的比例最高，为91.1%；随着年龄的减少，“70后”、“80后”、“90后”依次为90.5%、89.9%、83.5%；“70后”完全同意本地人愿意接纳自己的比例最高，为36%；其次为“80后”；“90后”基本同意自己被接纳的比例最高，为61.7%。另外，“90后”觉得本地人不愿意接受自己的比例也最高，占16.5%，表现出“90后”初入社会的不自信。

非农业人口觉得本地人愿意接受自己的比例高于农业人口。调查显示，非农业人口认为本地人愿意接受自己的比例为91.3%，高于农业人口，其中非农业人口非常同意本地人愿意接受自己的比例为40.2%。

流动范围越小，觉得本地人愿意接受自己的比例越高。市内跨县样本认为本地人愿意接受自己的比例占96.8%；其次为省内跨市人口，占90.5%；跨省流动人口比例最低，为88.6%。市内跨县样本完全同意自己会被接纳的比例也最高，达40.9%；跨省流动样本基本同意自己会被接纳的比例最高，为59.4%。

在本地居住时间越久，觉得本地人愿意接受自己的比例越高。调查显示，在本地居住10年以上的流动人口，92.7%认为本地人愿意接受自己，比例最高；其次为居住5～10年的；居住1年以下的人认为本地人愿意接受自己的比例最低，而12.5%在本地居住1年以内的样本认为本地人不愿意接受自己。

5. 我感觉本地人总是看不起外地人

大部分人不同意或完全不同意本地人看不起外地人。调查显示，1021个样本完全不同意该说法，占总样本的18.4；2688个样本不同意该说法，占48.4%；1512个样本基本同意，占27.2%；327个样本完全同意，占5.9%。

"90后"认为本地人看不起外地人的比例最高。调查显示，"90后"认为本地人看不起外地人的比例占37.6%；其次为"80后"；"70后"同意或基本同意该观点的比例最低，为32.3%。

被调查者中，农业人口和非农业人口认为本地人看不起外地人的比例基本相当。农业人口同意或完全同意此种说法的人占33%，非农业人口占33.1%，二者相差不大，但非农业人口完全同意该观点的比例比农业人口略高。

流动范围越大，感觉本地人看不起外地人的人口比例越高。被调查样本中，跨省流动样本感觉本地人看不起外地人的比例占37.2%；其次为省内跨市样本，占26.4%；市内跨县人口认为本地人看不起外地人的比例最低，为16.8%。

在本地居住时间的长短与认为本地人看不起外地人的观念没有明显关联。在本地居住10年以上的被调查者认为本地人看不起外地人的比例最高，为36.1%；在本地居住1~4年的流动人口同意这一说法的比例最低，占31.5%。

（五）迁户意愿

大部分人愿意把户口迁入本地。调查显示，愿意把户口迁入本地的样本有3303个，占总样本的59.4%；也有1036个样本不愿意迁户，占总样本的18.6%。另外，有1218个没想好，占21.9%。

随着年龄增加，迁户意愿逐渐减小。调查显示，1970年以前出生的样本愿意把户口迁入本地的比例最低，占48.4%；随着年龄减小，"70后"、"80后"、"90后"愿意迁户的比例分别为60%、65.7%、74%。1970年前出生的样本不愿意把户口迁入本地和没想好的比例最高，分别占24.4%和27.2%。

学历越高，迁户意愿越强。调查显示，样本中全部研究生、85.6%的本科生、72.5%的大专生都愿意把户口迁入本地。未上过学的样本不愿意迁户的比例最高，占28.8%；其次为小学学历样本。

非农业样本愿意把户口迁入本地的比例高于农业人口。调查显示，79.2%的非农业样本愿意迁户，而农业样本愿意迁户的只有55.8%。

已婚样本比未婚样本愿意把户口迁入本地的比例高。调查显示，再婚样本愿意迁户的人口比例最高，占70.7%；其次为丧偶样本。丧偶样本不愿意迁户的比例最高，为36.4%；其次为未婚人口，未婚人口不愿意迁户和没想好的比例分别占21.8%和32.1%。

为避免用户口办手续等一些麻烦，流动范围越大，愿意迁户的比例越高。跨省流动人口中60.1%愿意把户口迁入本地，省内跨市的有58.7%愿意，市内跨县的有54.1%愿意。

在本地居住时间长的流动人口，愿意把户口迁入本地的比例较高。调查显示，在本地居住10年以上的人口愿意把户口迁入本地的比例最高，为74%；其次为在本地居住5~10年的，占65.7%。在本地居住1年以内的流动人口不愿意迁户的比例最高，为24.4%。

（六）月收入

流动人口收入基本处于中低水平。调查显示，样本中收入处于2000~6000元的超过一半；其中，2001~4000元的样本最多，有1990个，占总样本的35.8%；其次为4001~6000元的，有1690个，占总样本的30.4%；收入处于6001~10000元和10000元以上的分别有690和652个样本，分别占总样本的12.4%、11.7%；收入低于2000元的最少，有535个样本，仅占总样本的9.6%。

处于壮年的流动人口收入较高，“90后”收入偏低。调查显示，“70后”月收入在6000～10000元和10000元以上的比例高于其他年龄阶段；“90后”收入较低，月收入低于2000元和在2000～4000元的比例分别为34.1%、44.9%。

收入与学历成正比。调查显示，研究生收入在10000元以上的比例最高，为76.9%；其次为大学本科，占45.9%；未上过学的最低，为5.8%；大学专科学历样本收入为6000～10000元的比例高于其他学历样本；未上过学的样本收入为4000～6000元和2000元以下的比例最高，分别为42.3%和13.5%；小学样本收入为2000～4000元的比例最高，为43.1%。

非农业人口收入高于农业人口。调查显示，非农业样本收入为6000～10000元和10000元以上的比例分别为16.6%和28.1%，均高于农业样本；农业样本收入在6000元以下的比例都高于非农业样本。

跨省流动的人口高收入者比例较高，低收入者比例则较低。调查显示，跨省流动样本收入为6000～10000元和10000元以上的比例最高，分别为13.5%和14.2%，高于其他两个范围的流动人口；省内跨市流动的样本收入为4000～6000元和2000元以下的比例最高，分别为32.3%、9.7%；市内跨县流动样本收入为2000～4000元的比例最高，为47.7%。

在本地居住时间久的样本收入相对较高。调查显示，在本地居住10年以上的样本收入为4000～6000元和10000元以上的比例最高，分别为33.3%、21%；在本地居住5～10年的样本收入为6000～10000元的比例为15.3%；在本地居住1年以内的样本收入为2000元以下和2000～4000元的比例最高，分别为16.7%和42.5%。

工作性质决定工作收入。国家机关党群组织企事业单位负责人收入较高，收入为10000元以上的比例为44.8%，高于其他职业；公务员办事人员和有关人员收入为6000~10000元的比例最高，为19.5%；其他职业样本收入在4000~6000的比例最高，为35%；农林牧渔业样本收入大部分为2000~4000元；无固定职业者收入最低，其中12.5%的收入在2000元以下。

雇主收入相对较高，雇员收入相对较低。调查显示，雇主收入高于10000元的比例高于其他身份的样本，为34.3%；家庭帮工收入为4000~6000元和6000~10000元的比例最高，分别为35.7%和21.4%；雇员收入为2000元和2000~4000元的比例最高，分别为12.7%和38.1%。

专题二

浙江省湖州市织里镇群体性事件调查分析

一、湖州织里经济社会发展状况

织里镇位于浙江省北部，地理位置优越，距离上海、杭州、苏州、南京等城市均在一二百公里左右。历史上，织里镇因织造业兴盛而得名，区域面积135.8平方公里，辖46个行政村，11个居委会，总人口30多万人，其中本地常住人口10万人，外来常住人口超过20万人；建成区面积16平方公里，集聚人口超过25万人。

织里镇是浙江省湖州市吴兴区的经济重镇。2011年，织里镇全镇地区生产总值达到109.09亿元，同比增长17%，占吴兴区地区生产总值的34.6%；工业总产值580亿元。财政总收入达12.63亿元，同比增长22%，占吴兴区财政总收入的46.8%。2011年全社会固定资产投资达到41.68亿元，同比增长15%。2011年，实现进出口总额12亿美元，同比增长7.4%，占吴兴区进出口总额的80%；实现产品销售收入142.9亿元，占吴兴区规模以上工业产品销售收入的30.4%。

2011 年，吴兴区规模以上工业产品销售收入达到 470.7 亿元，其中纺织业和纺织服装、鞋、帽制造业实现产品销售收入 122.5 亿元，占 1/4 多。

织里镇作为浙江省产业最为发达、民营经济最为活跃、市场化程度最高、经济增长速度最快、人民生活最为富有、劳动力转移最为充分的地区之一，被誉为湖州市的经济强镇、童装名镇、市场重镇。其典型产业特征如下。

1. 民营经济为主导

全镇以童装、纺织印染、羊绒羊毛、小五金、床上用品、铝合金型材、木业等为主导产业并形成相应的块状经济格局。织里人自 20 世纪 70 年代中后期开始，先后经历了做绣花枕套、香港衫、织锦缎棉袄几个阶段，最后定位在童装上。童装产业发展成为织里的第一大产业，全镇童装企业 1.2 万家，年产各类童装 4 亿件套，约占全国市场的 1/3。羊绒服装在全国同行业 10 大品牌中占有 4 席，是“中国品牌羊绒服装名镇”。与童装行业密切相关的服装面料、辅料以及印花、绣花、砂洗、联托运、缝纫机销售等配套产业发达。小五金、床上用品等块状经济不断发展壮大。

2. 专业市场繁荣兴旺

织里市场发育较早，专业市场建设从 1983 年开始起步，经过多年发展，形成了以童装和棉坯布两大市场为主，床上用品、服装辅料、小五金、托运服务等配套市场为辅的较为健全的市场体系。织里棉坯布交易价格的涨落直接影响华东地区乃至全国相关行业商品的价格。织里已成为全国最大的童装产销基地和最具影响力的棉坯布集散中心。在市场的带动下，全镇商业、房地产、金融、仓储、运输以及服务业等行业蓬勃发展，劳动力、资金等要素市场十分活跃。

二、湖州及织里流动人口的基本情况

织里镇的主导产业为童装、纺织印染、羊绒羊毛、小五金、床上用品、铝合金型材、木业等，这些产业属于典型的劳动密集型产业，所以吸引了大批外来人口前来就业。单是童装行业，近年来每年吸纳外来劳动力就达16万人，目前织里镇常住人口超过30万人，外地创业和务工人员20余万人，织里镇因而成为典型的人口倒挂地区。其外来人口分布特点如下。

（1）外来人员结构呈现鲜明的地缘特征。织里20万外来务工人员中，安徽籍10余万人，其中安庆人就达到8.2万人。原因在于农村剩余劳动力外出就业的主要方式就是朋友老乡的传帮带，所以在外乡彼此来往也最为频繁。根据国家人口计生委对湖州市流动人口的监测问卷[①]，关于问题“您在业余时间在本地和谁来往最多”的回答中，超过七成的流动人口主要和同乡来往，其中又以与户口同在老家的同乡之间的来往为主要特征，占比达60.3%，相形之下，主要同本地人来往的或其他外地人来往的流动人口仅有一成左右。

（2）湖州外来务工人员中，大部分是“70后”和“80后”的农村中青年，初中毕业后携带妻子和儿女，跨省流动到本地打工。按照问卷调查结果，样本中“70后”和“80后”的流动人口数量合计占2/3，农业户口的流动人口占总样本的94.4%。初中及以下学历的流动人口占样本总数的85.9%，100%的被调查者携带配偶和子女，

① 本专题中的问卷调查均值来自国家人口计生委2011年流动人口监测问卷。

83.8%的被调查者举家迁移；样本中87.8%的流动人口跨省流动，省内跨市和市内跨县的比例分别为9.4%和2.8%。

（3）流动人口大部分受雇于私营企业和个体工商户，样本中在私营企业和个体工商户就业的流动人口占样本总数的47.5%和30.3%。外来务工人员大部分从事劳动密集型行业，样本中流动人口中从事生产、经商、建筑等行业的比重分别为30.9%、14.4%、9.7%，其他各行业只是吸纳零星的就业人员。

（4）经过努力，外来人口成长出一定比例的自营劳动者和雇主，对本地的产品市场和劳动力市场均形成一定的竞争。样本流动人口中，以雇员身份就业的比例为58.8%，而雇主身份和自营劳动者身份的流动人口比例分别为15.3%和16.2%，合计已超过总样本的三成。这些雇主和自营劳动者大都40岁左右，在本地打工时间超过5年甚至达到10年以上，对该行业的运营十分了解，并且积累了一定的人脉关系。根据问卷结果，1970年以前出生的流动人口中成长为雇主或者自营劳动者的比例最高，达到40.3%，1970～1980出生的劳动者是流动人口的主力军，在本地工作10年以上的流动人口群体中出现雇主和自营劳动者的数量占样本中雇主和自营劳动者总数的40%。

（5）外来务工人员难以享受本地居民的同等待遇。样本中，78.4%的流动人口租住私房，11.2%的流动人口居住在单位雇主提供的免费住房中，自购房和自建房的仅占样本总数的2.2%和1.9%。从住房与年龄的关系看，“90后”由于入职时间较晚，主要选择租住私房和单位雇主提供的免费住房，其中选择单位雇主提供的免费住房的比例最高，为28.6%，原因主要是大多数“90后”尚未结婚并且参加工作的时间不长，其他各年龄段流动人口主要选择租住私房。

大部分流动人口未参加城镇职工医疗保险。根据样本结果，

88.1%的人没有参加城镇职工医疗保险，特别是农业户口的流动人口，参加本地城镇职工医疗保险的比例仅为7.6%。

三、织里群体性事件的过程

（一）背景

织里镇全镇共有童装类企业1.2万多家，但规模企业仅有40余家，大部分是中小企业。其经营方式大致分为两种类型：一种是集中在织里镇区沿街而建的4层楼房。临街中小企业租用厂房大致分为一间、两间、四间三种，集打样、加工、包装、销售于一体，他们的业主多数是本地人，也有一定数量的外地人。这类企业有自己独立的品牌，产品的设计、加工、销售均是自己独立进行。另一种是分布在镇区边缘的租用农村居民住房的小加工作坊，这些作坊主大多是外地人，往往只是购置几台缝纫机，雇佣几个工人，有的甚至只是夫妻俩或是几对夫妻组合，所以也被称为“夫妻队”，就组成一个独立的生产单元。小型加工业主从镇上的童衣厂拿来布料，加工成衣后交回，计件赚取加工费。这种经营模式一开始都没有进行工商注册，只要通过消防安全检测，拿到证明后就可开工，而且在初期也不需要缴税。随着这种模式经营个体数量的激增，镇政府决定对这些作坊征税，即当地人俗称的“机头税”。2009年，按每户拥有的缝纫机数量征税，一台缝纫机征税100多元；到2010年，每台机组收税343元，每家最低按5台机组起征，不足5台机组的按5台机组计算；从2011年10月开始，每台机组征税额涨到了626元，比2010年翻了将近一番，小加工业主认为税收标准增加幅度太大，思想上无法接受。

由于织里镇的服装小加工作坊太多，且分布非常分散，单纯依靠税务部门力量无法完成征收任务，所以当地政府以村为单位核定税额后，委托村委会代为征收，工作人员由镇政府及村委会聘任，这就导致税收征管人员不是正式的税务干部，代征人员素质参差不齐。

（二）导火索

2011 年 10 月 26 日，由于税收代征人员工作方法简单粗暴，与一名安徽潜山籍小业主发生冲突，该业主召集多名业主围攻上门征税人员。当晚，600 多个安庆籍“夫妻队”形式的童装业主到织里镇政府大楼前集体上访，要求对刚刚翻番的“童衣税”给出合理解释，引来大量人群围观。过程中有人采取投掷石块、打砸路灯和广告牌等行为，导致数名公安、城管人员不同程度受伤。23 时左右，一辆浙江湖州牌照的白色奥迪车驶入人群中，混乱中有人拍打奥迪车，提醒驾驶员掉头驶开，不要撞到人。由于场面较为嘈杂，奥迪车驾驶员好像受到惊吓，突然加大油门，时速猛然提到 100 公里以上。在撞倒人之后，奥迪车又开始后退，惊慌中又轧到其他人，事后统计奥迪车共撞伤 10 人（其中重伤 2 人）。对税收不满的童装业主，转而将情绪发泄到所有浙江湖州牌照的汽车上，30 余辆停在路边的私家车玻璃被砸，路边垃圾箱等公共设施被损坏，当地一家中国移动店铺被砸，另有一家织里本地人的童衣厂被砸。

（三）事件的发展

到 27 日，由于群众对当地政府将前一夜的事件定性为“暴利抗税”强烈不满，加上舆论的误导，由此带来本地人与外地人的对抗升级。中午，又有部分外地人员在织里镇政府广场聚集，且发生拦截车辆、打碎车窗等情况，一辆执行巡查任务的警车被点燃。执勤人员在撤离过程中，1名民警、3名协警受轻伤。10月28日夜晚10：30分左右，织里当地有近千人一路游行，高喊“打倒安徽、保卫织里”的口号，到达安徽工作组驻地，驻地遭到数百名手持钢管人员近20分钟的围攻，因当地军警及时控制而未果。随即一家安庆籍业主的工厂被当地着城管服装的数十人打砸，7台安徽牌照汽车在不同地点被砸。在公安机关采取措施后，事态方才有所控制。

（四）事件的平息

到10月30日，事件基本平息，织里镇政府暂停对童装加工户的税收征收。同时，为平息众怒，织里镇政府对当时上门征税引发事件的税收协管员给予解除职务的处分，5名犯罪嫌疑人被刑拘、23名涉嫌违法人员被治安拘留。2011年11月初，停工的中小企业先后复工，织里当地的生产生活秩序逐步恢复正常，引发事件发生的税收标准问题也已经得到彻底解决，2011年中小企业的实际税收执行标准已经降到了接近或低于2010年的标准。

四、织里群体性事件深层次原因分析

（一）产业升级压力

织里童装产业发展的关键在于个体私营经济的先发优势，从20世纪70年代中后期开始，织里部分群众顶住当时政策环境的压力，率先从家庭经营起步，迈开了个体私营经济发展的第一步。改革开放之后，随着政策环境的逐渐宽松，各类个体私营企业蓬勃兴起，最终形成了童装、床上用品、小五金等块状特色经济。但织里童装行业作为“童装之都”，其童装产业以量取胜，大而不强，具体表现在以下方面。

1. 产业发展方式仍以粗放式为主

第一，生产模式落后。目前，织里童装类企业多达12000家，但规模化企业仅有40余家，大部分生产经营实体仍然只是拥有两三间门面的童装厂和庞大的家庭作坊。这样的生产模式导致绝大部分企业产品仍属于简单式的复制，虽然规模庞大，但产业集聚呈现“扁平式”的特征，而没有形成典型的产业链式集聚。第二，大部分产品定位于内陆农村和批发市场为主的低端市场，产业低、中、高占比分别为6:3:1，特别是中高档零售市场的占有率更低。在北京各大商场销售的95个品牌童装中，没有一个来自织里镇。中低端市场的竞争主要是拼价格，在面料选择、辅料采购等方面，都以选择低档价廉为主，在市场竞争中以低价取胜。织里童装在北京地区的平均价格仅为23元（北京亿元商场童装销售平均价格为85元/件）。第三，创新能力不足。虽然童装产量位居全国第一，却并非童装行业的领跑者，织里童装的市场定位决定简单打样仿冒现象普遍。

2. 市场辐射带动能力有限

一是硬件建设滞后。织里童装专业市场兴建于1995年，建设虽早但发展不快，市场形态陈旧、功能弱化，与“中国童装名镇”和全国专业市场50强的地位不相称，越来越难以承担童装产业品牌化、规模化、系列化、展示化、信息化的发展要求。二是交易方式传统。主要从事低档批发交易，缺乏品牌展示交易区域。据了解，3间门面以上的企业都不进市场交易，对企业生产经营的辐射带动作用不明显。结算方式也以传统的现金和汇款方式为主，信用体系建设较为落后。三是营销网络不健全。大部分以传统销售模式为主，网络销售占比较小；

现代物流业的发展也明显滞后于童装产业发展，联托运市场容量偏小的问题突出，垄断现象没有得到根本遏制；国外市场几乎是空白，从事自营出口的企业仅4家，外贸出口额在100万美元左右。

3. 产品核心竞争力不强

一是研发投入少。织里童装产业的总体创新设计能力不强，大部分企业不注重产品开发设计，没有专业研发队伍，以简单打样仿冒为主。据初步统计，只有1%的童装企业拥有稳定的设计师队伍。二是品牌意识弱。除了“今童王”、“华诺”等少数几个国内知名品牌外，大量童装企业在行业内没有获得广泛认可、具有影响力的自主品牌，特别是申报省、市级品牌的后备资源匮乏。三是产品质量一般。产品市场定位低、款式简单复制、自主品牌少等因素决定了织里童装的质量不高。

4. 监管服务能力相对滞后

一是内部管理不规范。童装企业准入门槛低，大部分是家庭式管理，没有建立现代企业制度，缺乏专业团队从事生产经营管理。二是行业监管乏力。打击伪劣产品的力度不大，市场无序竞争激烈，仿冒现象十分严重，导致大多数品牌童装企业不愿在本地市场展示销售；政府监管力量薄弱，治安管理、工商管理、税收征管等方面的困难和问题较多，不少企业存在消防安全、产品质量等隐患。三是平台服务功能不强。已建成了信息、研发、检测中心、中华童装网等公共服务平台，但未发挥明显作用。

可以说，织里童装产业的现行生产方式，使得该镇的童装产业迅速壮大，但同时也成为该产业继续发展的瓶颈。家庭作坊式小企业的资金、技术都极其薄弱，不可能投资研发形成有竞争力的产业链，但同时其综合成本相对较低，比如房租水电，周边农村租金价格便宜，电价按照生活用电收取，价格低于工业用电，在主要定位于低端市场的服装行业中，成本较低是最有利的竞争优势。大量人员在小加工作坊就业，势必对大型服装企业用工造成很大的冲击。因此，大量家庭作坊生产方式的存在，对正规服装企业的发展会造成很大的冲击。

当地政府意识到进行产业升级必须打破现有简单复制式的扩张，努力形成大、中、小企业相结合，设计、生产、营销相配套的完整的产业集群。其重要措施之一就是在有针对性做大做强一批企业的同时淘汰规模小、档次低、质量差的童装企业。其中，大幅度增加对作坊式企业的税收标准，其目的也是为其地方产业的发展创造良好的环境。

（二）外来流动人口与本地人之间的矛盾

由于语言、生活习惯、自身素质等方面的差异，当地群众有优越感，有的甚至对外来人员歧视，外来流动人口和本地人之间由于在经济或者社会公共福利上存在一定程度的竞争关系，从而对外来人口产生排斥心理；而外来流动人口则在心里向往同等待遇，看重对当地经济发展的贡献，对被边缘化和语言上的歧视、利益上的剥削心存不满，较难融入当地社会生活。双方长期的矛盾造成群体性事件，一度演变为外地人与本地人的互相攻击。

首先，织里当地大多数家庭从事童装类行业，外来流动人口在本地从事家庭作坊式的生产和加工，甚至有些流动人口成长为企业主，在劳动力市场和产品市场形成了竞争关系。

由于童装产业准入门槛低，新企业不断增多，劳动力紧缺成为织里童装企业面对的突出问题，据统计，近年来，织里镇每年劳动力缺口在5万人左右。这一方面导致劳动力的工资上涨，在企业未能有效升级的情况下，企业利润必然变薄；另一方面，织里的外来人口集中来自几个地方，由于老乡等关系的存在，外地企业主可能更容易招到工人。

大量家庭作坊式企业的存在，客观上也使得产品市场的竞争更加激烈。由于织里本地人和外地流动人口的服装大多是简单仿制，同质性较强，因此随着规模的增长，企业之间的竞争主要是价格竞争，从而影响本地企业利润的提高。

其次，织里的本地人口仅为外地流动人口的1/2，目前各种公共资源仍然按户籍人口配置，巨量的外来人口必然在教育、医疗等公共服务方面影响本地人的利益。

再次，外地人较难融入当地社会生活的表现如下。

一是外地人参加各项活动的积极性不高。从问卷结果可以看出，流动人口参加本地各项活动的积极性普遍不高，参与率最高的社区卫生、健康教育活动的人数也仅为1/3，参与社区文体活动、计划生育协会活动、选举活动、社会公益活动的比例分别只有8.1%、20.9%、2.2%和5.6%。

二是对于问卷中“我觉得本地人愿意接受我成为其中一员”这个问题，有10%的流动人口不同意，67.8%的基本同意。关于问题“感觉本地人总是看不起外地人”，基本同意和完全同意的流动人口占总流动人口的比例达到1/4。

三是统计问卷中“如果没有任何限制，您是否愿意把户口迁入本地”的回答发现，愿意迁入、不愿意迁入以及没想好的人数基本各占1/3，表明大部分流动人口并未将自己视做织里人。尤其是收入较低的流动人口、租住房屋的流动人口以及“90后”流动人口，这些群体在本地的生活和工作相比更不稳定，流动性相应较大。

（三）地方政府对流动人口的服务和管理能力不足

由于形成特色产业，织里镇在短短20多年内由一个偏僻农业小镇发展成中国童装产业基地，常住人口从不足2万人急剧膨胀到30多万人。

首先，管理不规范。引发群体性事件的导火索是税收额度的过快增长，且涨税决定在决策前未经过论证，也未启动重大决策风险评估程序，甚至没有任何公示和征求意见，仅靠税务部门的一纸通知，使业主对政府产生了极大的不信任感。再加上上门征税的工作人员未取得执法资质，工作不规范，动辄采取“锁门”、“恐吓”等方式征税，方式简单粗暴，直接导致了纠纷的发生，并进一步引起矛盾的激化。

其次，管理能力和组织保障措施不到位。有30万人居住的织里却只有一个派出所，无法应付数百人的风波，事件升级时，只能依靠从浙江省从各地区紧急调集数千名特警前来控制事态的进一步扩大。

再次，基层政府自身定位和理念有待于转变。改革开放以来，基层政府以组织经济建设为首要职能，过多介入市场，而公共服务提供不足，表现为管制行政而不是服务行政。在事件过程中，地方政府简单地通过大幅度增加税收来推动产业结构调整，在事件初期简单地将事件定性为“暴力抗税”，都是政府希望控制社会经济发展的具体反映。

多年来，外来流动人口为本地经济的快速发展做出了重要贡献，但并未得到应有的尊重和公平的待遇，有的甚至被边缘化，无法进入当地主流社会。当地政府如果以服务为导向，积极做好服务和沟通工作，而不是简单地对外来务工人员素质不满，认为外来人员增加了社会治安和管理难度，加大了公共财政支出压力，事件也许不会持续发酵。

五、政策建议

大力推进公共服务均等化，促进本地人和外来人口的有效融合。依法行政，不断增加政策的透明度。

1. 立足经济社会的实际情况，促进产业升级

织里存在众多的作坊式企业，应发挥市场和行业协会的协调作用，深化分工，将无序的小企业整合成有机的产业集群，构筑阶梯式发展格局，既能促进产业竞争力的提高，又能加强目前这些企业之间的联系和合作。

2. 着力增强本地人和外地人口的融合，逐步淡化户籍管理

淡化户籍管理的本质是推进公共服务均等化。织里是典型的以业兴城，流动人口为织里的繁荣和发展做出了重要贡献，应当同当地群众一道享受发展的成果。均等化医疗、教育、住房等方面的公共服务，将有效促进新织里人和老织里人的融合，也是社会稳定的基石。

3. 基层政府要定位于服务型政府

基层政府要实现从“管理政府”向“服务政府”转变，大力加强依法行政，不断增加政策的透明度，正确应对信息化背景下的舆论导向。织里户籍人口和外来人口显著倒挂，对地方政府特别是基层政府的社会管理能力提出严峻挑战，应对各项挑战的基础是地方政府将自身定位于法治型政府、服务型政府和以人为本型政府，按照“党委领导、政府负责、社会协同、公众参与”的原则，正确全面履行自身职责，做到不失位、不缺位、不越位。

专题三

广东省增城市群体性事件调查分析

一、文献综述及理论分析

（一）研究背景

改革开放以来，广东省经济社会快速发展，是全国流动就业人口最多的省份。截止2011年底，广东省就业半年以上的人员达2675万人，约占全国的1/6，其中外省籍和本省籍流动就业人员分别为1669万人、1006万人。从就业地分布看，90%左右分布在珠三角地区，其中以深圳、东莞、广州、佛山、中山五市最多；从年龄结构看，以新生代（“80后”、“90后”）外来务工为主，占总量的75%左右；从文化程度看，初中及以下学历占了绝大多数（70%左右）。由于流动人口收入低，多从事低技能制造业和服务业，在流入地的人际网络以亲缘、乡缘为基础，大量流动人口聚居在房租较廉价的城郊结合部或“城中村”。广东省现有人口倒挂村1708个，涉及流动人口1584.3万人，占全省流动人口的57.1%；“同乡村”294个，涉及流动人口243.4万人，占全省流动人口的8.8%。虽然我国对流动人口在居住地获得基本公共服务方面进行了探索和改革，但从整体上看，流动人口在求职谋生、权益保障、社会地位等方面长期处于弱势地位，拖欠工资、超时加班、劳动伤害、子女入学、社会歧视、文化冲突、贫富悬殊等问题长期困扰这一群体，导致社会矛盾加剧。广东省增城市和中山市先后于2011年和2012年发生流动人口为参与主体的群体性事件，对社会的和谐稳定造成了很大影响。

在城镇化高速发展的过程中，流动人口数量不断增加，流动的原动力、本质及其随时间的发展和演变，对于形成和探讨适当的管理政策非常重要。政府管理部门和学者都需要了解流动过程发展带来的社会变迁，特别是流动人口数量远远超过户籍人口的地区社会问题的成因、影响因素及事态变化。本专题的目的是探索人口倒挂地区流动人口和户籍人口的社会融合意愿、社会心理的潜在动态变化，考量不同群体的社会距离。以增城市群体性事件作为案例，分析其成因和演进机制，对流动人口的脆弱性展开与当地户籍人口的类比分析，得出从社会管理、流动人口脆弱性及其行为逻辑三个视角的综合分析。

（二）文献综述

本专题研究的群体性事件，属于广义的群体性事件范畴，具有一定规模的特定人群参与，表现为超越国家法律法规并对政府管理和社会秩序造成影响的集体行为。其目的为维护自身权益或表达某种诉求，或发泄不满情绪等。本专题仅研究流动人口为参与主体的群体性事件，在事件中有流动人口与当地政府的冲突，也有流动人口与本地居民的冲突，不包括因环境治理、拆迁、征地等原因引起的特定群体参与的群体性事件。

当群体性事件影响力扩大，人们对它的关注度就会提高，人们开始对群体性事件进行专题研究，并依照参与主体、目标诉求和行为特征等标准将群体性事件分类，探讨不同类型的群体性事件的成因、爆发环境及演进规律。研究者不仅研究群体性事件本身，更加关注参与事件群体的利益诉求及渠道（陈映芳，2003；李一平，2005；于建嵘，2005；万春灵，2010；陈朋，2010；胡红霞，王虹，2010），在非常态利益表达事件中的行动逻辑（温铁军，2007；姚望，2009；张荆红，2011），以及对于此类事件的长短期应对措施（李丽华，2009；晋继勇，2011）。此外，许多研究者还对参与群体性事件中的部分利益群体的脆弱性给与了特别关注，开始从社会资源分配、社会融合、社会阶层变动的角度研究群体性事件的成因和变化态势。目前，国内专题研究已达成了以下共识：中西方因社会结构、体制和文化等方面的差异，基于西方的冲突理论和集体行动理论难以完全阐明中国群体性事件。中国群体性事件的最终目的是强调法定权益的维护，而非西方群体性事件以法律规则或权利规则改变为目的。但受调查条件所限，在国内群体性事件专题研究中，基于宏观视角分析的较多，而对参与主体的行动特点及事件演进机制调研和研究得仍然较少。

（三）理论分析

由于群体性事件[①]并非中国独有社会现象，归纳国内外的研究可以分为两个阶段，即理论分析阶段与专题深入阶段。理论分析阶段主要关注群体性事件的结构性诱因，触发群体性事件发生的直接因素或事件，事件中的运动动员能力及社会控制能力下降等。早期的研究形

---

① 国外研究使用的相关概念或术语有：Social Movement，Conflict，Collective Behavior，Collective Action，Mass disturbance。

成了“功能主义”[①]、“资源动员理论”[②] 等社会学范畴的冲突理论。之后，经济学者也参与到群体性事件研究中，更加关注参与者动机，认为群体性事件无法有效地利用“选择性激励”来克服搭便车问题（Olson，1965）；并且观察到随着事件参与人群增多，个体的理性控制能力下降（Lebon，1979）；特别是 Simmel（1956）的功能整合研究对政府应对与社会发展更具启发，他提出：如果群体性事件是低暴力的，能产生不同群体的联系，事件本身能鼓励冲突双方创造规范性协议来协调各方的利益诉求，事件的破坏力则被削弱，将沿着促进社会进步的方向健康发展。二战后，社会变迁引起女权运动、人权运动、环境运动、和平运动等社会运动高涨，也激发了群体性事件成因的新观点：新社会阶层出现（Touranie，1971）、资本主义合法性危机（哈贝斯，2000）、社会价值（Cohen，1985）、自我认同（Melucci，1989）和社会问题（Inglehart，1990），等等。

二、增城市新塘镇经济社会发展的基本特征

增城市位于珠江三角洲东北部、广东省广州市东部，又称穗东，西距广州市 60 公里。在全国县域经济中，基本竞争力排名第 9 位，连续 9 年领跑广东县域经济。增城市新塘镇是广东省的特大镇和示范中心镇，地处穗莞深及粤港澳“黄金走廊”，是广州、佛山、深圳、东

---

① 代表性研究主要有：Dahrendorf（1956）、Simmel（1956）、Coser（1956）、Gurr（1970）。他们认为社会各个组成部分为一个有机系统，部分系统的功能溃败必然在其他部分得到反映。

② Carthy and Zald（1977）认为，社会运动在 20 世纪 60 年代的美国增多，并不是因为社会矛盾加大了或者是人们的相对剥夺感增强了，而是可供社会运动发起者和参与者手中掌握的资源增加了。

莞等城市群的核心，总面积251.5平方公里，下辖71个行政村和16个居委会，总人口70多万人，其中外来人口约50万人，是典型的人口倒挂地区。

1980年以前，新塘镇以农业生产为主，当地人大都从事水稻、香蕉、甘蔗种植。1981年，从新塘镇大敦村走出去的一位香港老板回村里办起了第一个“大敦制衣厂”，100多个村民成为员工。员工积累了实际操作的经验后，开始自己办制衣厂。很快，村里出现了“万元户”。而作为新塘牛仔第一大村的大敦村，在最鼎盛的2004年前后，男女老少都在衣车前埋头做工，几乎看不到闲散人员。2002年，增城市新塘镇被中国纺织工业协会评为“中国牛仔服装名镇”。牛仔服装已成为新塘民营经济的特色。目前，新塘镇有牛仔服装及相关配套企业2600多家，占新塘工业企业的60%，年产值200多亿元。据中国纺织工业协会统计，全国有60%以上的牛仔服装出自新塘，出口牛仔中40%以上出自新塘。近年来，新塘镇大力深化主体功能区建设，发挥区位、交通、资源、产业集聚等四大可持续发展优势，规划推进了汽车产业、民营制衣、豪进、宁西、新塘环保、沙埔银沙、东凌等工业基地建设，牛仔服装、汽车、摩托车及其零部件成为三大支柱产业，并初步形成产业聚集和组团发展。

随着“商贸业活镇”发展战略和《珠江三角洲地区改革发展规划纲要》的实施，新塘镇对外来劳动力的需求持续旺盛。同时，新塘镇也正加速融入广佛莞深的“半小时生活圈”，从外地流入新塘务工和居住的人口将持续增加，势必对新塘镇及其周边地区的公共服务资源和管理造成压力。

三、流动人口的基本特征

本课题组2012年在广东省白云区和增城市完成的1040份调查问卷表明，广东对流动人口的吸引力强劲，跨省流动人口比例高达70%，省内跨市流动达29.5%。但与全国总样本相比，广州市白云区和增城市户均和人均收入略低，流动人口的幸福感和融入意愿不强。

表1　　个人平均月收入比较　　单位：元

年龄区间	总样本平均月收入	广州市样本平均月收入
43岁以上	3030	2916
33~42岁	3237	3119
23~32岁	2904	3186
23岁以下	2017	2115

从表1可以看出，33岁以下年龄区间广州市样本平均月收入高于全国总样本水平，而33岁以上年龄段的平均收入均低于全国平均水平，这从侧面可以印证多数被调查人从事劳动密集型产业，其工作完成质量和数量与劳动者体力和熟练程度相关。广州市样本的每户家庭月平均收入为5274.8元，也低于全国6003.5元的水平。流动人口每周平均工作6.27天，劳动强度大。

广州市调查发现，增城市流动人口的户口迁移意愿和融入意愿都远低于全国其他地区的调查数据。91.8%的调查人口表示“喜欢现在居住的城市”，89.4%的人“关注现在居住城市的变化”，83.5%的人“愿意融入本地人当中，成为其中一员”，30%的人打算在当地长期居住5年以上。与老家相比，44%的人感觉在流入地幸福，51.9%的人感觉一般，有4.1%的人感觉不幸福。这说明大多数在增城的流动人口把自己当做“过客”，对目前的工作、生活状态不满意。

四、流动人口脆弱性分析

群体利益剥夺造成的“被迫”反应，或是因价值观形成“沉默的共谋”是流动人口群体性事件发生的原因研究中的主流观点之一。其中，群体的“利益被剥夺感”源于制度安排，也与个体的资产、权利和能力相关。因此，脆弱性分析方法也被用于分析特殊群体发生的社会问题分析。脆弱性基础理论和思想来自于二十世纪六七十年代的自然灾害研究，因灾害给不同人群造成的损失不同，受害程度差异大，救援组织引进脆弱性概念帮助其提高救援效率。在救援需求未提出前对人群脆弱性进行评估，减少未来救援诉求。之后，脆弱性分析广泛应用于社会风险检验、风险来源分析以及社会群体抵御风险能力的分析和考量。本专题在Moser（1998）和Dercon（2001）建立的个人、家庭和社区资产评估框架的基础上，借鉴英国国际发展署（DFID）开发的可持续农户生计框架对流动人口进行群体脆弱性分析，主要从以下几方面开展分析。

在流动人口的资产中，人力资本的质量决定了流动人口在异地的收入水平以及获得和运用其他资产提高其生活水平的能力。人力资本缺乏是造成流动人口收入水平低、脆弱性较高的主要原因。据统计，2012年2月增城市登记的流动人口受教育情况为：中小学及以下学历人口占4.58%，初中占65.37%，高中（包括中专、技校）占20.07%，大学（大专和本科）占9.9%，研究生及以上占0.08%。务工人员占79%，借读培训人口占11%，经商人口占2%，服务业从业人口占2%，务农人口占0.3%。年龄结构以16~45周岁的青壮年为主，占流动人口总数的89%，16周岁以下、46周岁以上分别占2.3%和8.7%。流动人口文化、技能水平偏低，以初、高中学历为主，主要从事制造业体力劳动，且人口流动性大①。

物质资产是流动人口抵御失业、疾病及意外的重要资源。物质资产主要为：家庭住房和家庭固定资产（包括生产性工具和耐用消费品）。2012年2月Z城市登记的流动人口中，在该地购买住房的人几乎没有，他们主要居住在出租屋和企业宿舍，其中居住在出租屋的人口占61%，且集中在3个镇街。目前，住房问题仍是流动人口反映最强烈的问题之一。通常，流动人员能承受的房价收入比在8万~10万元左右，Z城市虽采取限价措施（7385元/平方米），流动人口的居住成本仍然快速上升。

金融资产是流动人口可支配和可筹措的现金，主要包括自身的现金收入、从正规渠道和非正规渠道获得的贷款、无偿援助。工资性收入是流动人口现金收入的主要来源。根据国务院发展研究中心调查，农村户籍流动人口月工资1719.83元，从30岁开始年龄越大，收入越低，他们多在劳动密集型企业以计件工资获取薪酬，对劳动者的体能和工作熟练程度要求高。这也符合流动人口工资低、达到一定年龄后工资增长跟劳动经验关系不大的特征。此外，本专题认为流动人口在就业信息、人际网络、技能培训、就业资本等方面与本地劳动力相比都处于劣势，因此流动人口从正规渠道和非正规渠道获得贷款和无偿援助的信息和资源较为困难，加之流动人口缺乏抵押资产，其获得贷

① 根据居住证有效期判断，统计表明居住证有效期为一年以下（含一年）的约为28.8万张，占95%。

款的能力较弱。

社会资产是流动人口为了实施生计和发展策略而利用的社会网络，包括社会组织和个体构建的社会网络。由于流动人口与居住地居民存在文化差异和社会福利差异、人脉隔离等因素。流动人口与来自同一省、市、县的亲戚、朋友、老乡形成了流动人口在异地的重要社会网络，其次是流动人口的同事、生意伙伴、客户及房东、合租户等人际网络。

通过以上四种类型的资产分析，本专题认为流动人口人力资产、物质资产和金融资产的数量和质量较差，而人力资产和金融资产的缺乏是导致流动人口抵御风险能力较弱的直接原因。此外，根据Z城所在省下达的《住房保障制度改革创新方案》，城镇稳定就业外来务工人员只能通过企事业单位和其他机构建设的公租房解决基本居住需求。Z城所在市2011年随迁子女为269.2万人，入读公办学校的比例为50.25%。因此，流动人口在原驻地享受义务教育、公租房等社会福利的机会和质量要远低于当地人口，这加剧了其脆弱性。

五、增城事件的演进过程

本研究属于定性微观研究，试图从行动逻辑、脆弱性的视角观察流动人口与户籍居民间的群体距离，分析社会管理方法和政策。因此采用过程—时间研究策略，解释群体性事件参与者何时、因何、如何参与和退出群体性事件，归纳群体性事件从诱发期、酝酿动员期、聚集对抗期和平息恢复期的各个特征和节点事件。本专题所使用资料包括笔者2012年3月27日赴增城政府调研资料和网络报刊信息资料。

案例事实如下。

2011年6月10日晚9时许，孕妇王联梅（20岁，四川开江县人）与其丈夫唐学才（28岁，四川开江县人）在增城新塘镇大敦村一商铺门口摆地摊卖牛仔裤。大敦村治保员①以占道经营堵塞交通为由对其劝离并扣留摊位②，王联梅夫妇坚决不同意，双方发生争执和肢体冲突后，王联梅倒在地上。人群开始围观聚集。“缺颗牙齿”的治保队长在现场挥舞手中的铁棒并对围观群众喊“打死你们，一个就50万元”③。群众报警后，民警、政府工作人员与120救护车相继赶到。现场一些滋事人员不断起哄，阻挠孕妇上车，唐学才不让医生把妻子抬上车。之后，事态失控，聚众人群开始将硬物砸向了民警与政府工作人员，3辆警车、1辆救护车以及多辆私家车被砸烂④。而在外围，大家在疯传“孕妇被治保员打死了”，不断有人加入了打砸人群。10日晚，人群逐步向大敦村派出所聚集，聚众人群直接冲击大敦村治保队办公楼（一幢3层独立办公楼）。值班的治保员被上千名聚众人员吓得弃楼而逃。冲在前面的人甚至没有遭遇抵抗就冲进了大楼，开始打砸。多名目击者回忆，年轻人冲进去砸，外面的人一边鼓掌一边高喊“砸得好”。增城市政府的消息称：11日凌晨1时许，事件初步得到平息。不过，11日凌晨3时许，又有人向清理现场的民警投掷石块、砖块、玻璃瓶等硬物，妨碍民警执行公务；警方将现场带头闹事的25名滋事人员带回调查。

11日上午，增城市警方通报称：聚众事件得到有效控制；经医院

① 由大敦村村委会组建并管理。

② 知情人梁雅琪称扣留摊位的目的是罚款。

③ 信息来自知情人蔡敏、钱娟。

④ 增城警方通报。

诊断，王联梅夫妇均没有受伤。不过，多名知情人称，在增城市警方召开发布会之前，就已有几百名群众聚集在大敦村派出所“要求惩办打死（伤）人的治保员”。聚众人员向派出所内投掷砖块与玻璃瓶等硬物。为了防止有人冲进派出所，警方先后向人群发射了两枚催泪弹。其间，警方通过大喇叭等方式告知聚众人群“昨晚没有人死”，但仍未说服聚众人群。聚众人群见“攻不进”派出所，部分人又跑到了大敦村治保队办公室，“又砸一遍，还放了火”。不断增援而来的警察在大敦村派出所与治保队办公室附近进行了布防。不过，一些聚众人员又跑到了200米远的大敦村村委会，“砸坏了大门，烧了停在大院内的轿车”。前来增援的久裕村（邻村）治保队也遭遇了“回击”。多名目击者称，11日晚，一队人马“杀”到了久裕村治保队办公室，乘虚而入“砸了办公室，还放了两把火”。

12日上午，广州市政府新闻办召开专题新闻发布会。唐学才现身发布会现场，念诵手中的纸条：“我们都很好，我老婆和腹中的胎儿都没事，母女平安。”增城市政府再次称事态得到有效控制，无人员死亡。然而，12日晚，聚众地点转移到了大敦村5公里以外的太阳城加油站与107国道附近。聚众人群不但砸烧了警车，还将砖头砸向了过路的社会车辆。有目击者称，聚众人群针对无辜路人的打砸已近失控，“（他们）见到轿车就砸，10多辆被砸，被烧”。聚众人群甚至还想冲击加油站，后经加油站工作人员“苦求”才作罢。13日，又有大批武警与特警挺进新塘镇，局势得以控制。

就增城事件而言，诱发原因明显，即孕妇王联梅夫妇与治保队因占道经营发生争执和肢体冲突。王联梅倒地后，亲属和围观人群与治保队和政府人员阻挠孕妇上120急救车，要求警方先惩办打人的凶手。在事件诱发期，聚众人群的焦点仍然停留在王联梅夫妇与治保队冲突。之后事件进入酝酿动员期，聚众人群参与到王联梅夫妇与治保队的冲突中，形成对抗。而“缺颗牙齿”的治保队长在现场挥舞手中的铁棒对围观人群喊“打死你们，一个就50万元”，传达出“治保队打死一个外地人，赔50万元就能了事”的信号，成为增城群体性事件从酝酿动员到聚集对抗的节点事件，聚众人群的关注焦点由王联梅夫妇转移至治保队长期收取外地人“治保费”。对外来人口的严格管理，激发了流动人口的相对剥夺感并以此形成相似利益诉求群体，推动事件发展到聚众对抗期。直到6月13日大批武警进驻新塘镇，事态才得到控制，增城事件进入平息恢复期。

增城事件冲突最激烈的时期，即“聚众对抗期”——从6月10日晚到13日，持续时间长，主要有以下原因：一是基层政府权威降低导致社会控制能力削弱甚至丧失，群众对政府的信任度下降。村委会治保队长期进行治安巡逻、抽查居住证，抓“黑车”、驱逐小摊贩并对他们罚款等活动，充当车管、城管和交警的职能。治保队使用或侵犯了政府权威资源。当权威滥用与不适当的规定（例如大敦村规则①）相结合后，政府活动的执行力就会遭遇困境。因此，增城政府两度进行信息核实②，通告6月10日没有人伤亡，但仍未说服群众，“孕妇老公被活活打死”的消息仍在网上传播。6月10日在政府人员和急救车到达现场后，唐学才不同意妻子王联梅上急救车，也是政府公信力下降的表现。二是增城事件参与者可以使用的社会动员资源多，信息传递和动员的效率高；而政府公信力下降影响了其信息传递效果。在

① 由大墩村治保队制定，被外来人口认为是借故敛财的手段。例如：外地人购买摩托车后，不能在大敦村内行驶，必须得去治保队办个“大敦牌”，否则抓着就罚款，最少200元。

② 11日上午，聚众人群向大敦派出所内投掷砖块与玻璃瓶等硬物，警方通过大喇叭等方式告知聚众人群“昨晚没有人死”；12日上午，广州市政府新闻办召开专题新闻发布会，王联梅的老公在发布会上表示自己和妻子及她腹中的胎儿“都没事”。

聚众对抗期，聚众人群一直占据上风，没有与警方发生正面冲突，似乎在“躲猫猫”，并根据警方的布控，有组织地“偷袭”和“转移阵地”，先后袭击了大墩村派出所、村委会、治保队办公室，运用手机、微博、网络等渠道传递信息。现代化的通信手段为运动动员提供了便利条件，流动人员通过亲戚、朋友、老乡等联系方式形成的社会网络成为信息传递的载体。相关政府在事件中，先后于11日上午、12日上午召开信息通报会，但没有有效遏制谣言散布。三是导火索事件发生在大墩村闹市区，在短时间内有上千人聚集，节点事件促成个体迅速参与到群体性事件中。

Granovetter（1978）提出个人参与群体性事件的“门槛模型”：每个人都有一个“门槛”，即每个人都会看到多少人或多大比例的人采取一个决定时才会采取相同的决定；而每个人“门槛”的分布则取决于群体中的个人在规范与信仰上的差异。增城群体性事件的参与人多为流动人口，个人规范和信仰上有相似之处。王联梅夫妇摆摊的地方位于创业西街隆家福超市门口，是大敦村的黄金地段。事发后人群迅速聚集，而治保队长的一句“打死你们，一个就50万元”引起公愤，参与争执和对抗的个体迅速增加。

六、结论与建议

自1992年农村劳动力流动政策发生变化，大规模的农村劳动力跨地区流动就业已有30多年了，期间迁移的特征发生了显著改变：流动人口开始呈现家庭化和长期化；流动人口变为市民的愿望非常强烈，并希望在当地获得基本社会保障和服务；他们对于自身幸福感的评价不再满足于收入的增加，而扩展到家庭完整性、降低工作强度、在迁入地获得认同感等。这些变化可能导致流动人口更频繁的迁移行为和职业多元化。与此同时，快速发展的中国经济必然会显现资源配置的局限，特别是在流动人口与本地居民吊挂地区，大多数流动人口不能享受子女教育、保障性住房等公共服务资源。这样，流动人口被动地成为既不在流出地生活，又不能归属流入地的夹层居民。

从增城群体性事件来看，“非常态事件”的引发原因并非来自“非常态心理”，而是在特定管理政策下的正常心理流露。流动人口对管理政策的不满情绪日益积累，“相对剥夺感”逐渐增强，在特定事件、特定氛围的催化下演变为群体性事件。少数不法分子参与，导致事件升级，最后演变为群体性暴力事件。目前，中国人口倒挂地区出现群体性事件都有以下几个特征：一是基层管理单位人员素质不高，管理方法粗暴，存在针对流动人口不合法、不合理的政策或制度；二是流动人口的社会事务参与程度低，只能在流入地“被管理”，而没有参与管理权利，为当地经济和社会发展尽义务，没有享受当地社会服务的机会；三是流动人口诉求渠道不畅或政府对诉求不作为；四是诱发性事件具有代表性，易引起众多人群对自身境遇的对比。

然而，笔者由群体性事件更多联想到的是对社会管理政策的反思。地方政府最重视的“稳定”、“和谐”等目标，而“维稳政策”似乎与现实情况形成悖论，政府越是对流动人口严加管理，在管理中面临的问题、方法和尺度的掌握越易造成管理者与流动人口的隔阂。因此，重视流动人口的迁移变化和客观地评估现实问题，让流动人口参与管理，跳出管理桎梏，对缩小群体距离、实现融合具有更现实的意义。

专题四

山东省临邑县流动人口调查分析

山东省临邑县开创了企业计划生育服务管理机制，对各地方政府管理外来流动人口起到了一定的示范作用。为此，课题组于 2012 年 11 月 15 ~ 16 日赴山东省临邑县展开调研，并对临盘街道和“浙江村”进行了考察，在此基础上形成调查报告。

一、临邑县经济社会人口概况

面对国内外复杂多变的形势，临邑县实施“工业强县、文化立县、科教兴县、服务业活县、产业化富民”战略，积极应对金融危机的冲击，经济社会保持了平稳、较快、健康发展的良好势头。2011 年，以构建现代产业体系为总抓手，优先发展工业，保障改善民生，全力打造工业强县、服务业大县和现代农业示范县。

（一）经济社会概况

数年来，临邑县获得中国新能源产业百强县、中国塑料编织之乡、国家科技成果产业化示范基地和全国培育自主创新能力示范基地、全省民族团结进步模范县和全省信访工作先进县等60多项省级以上荣誉称号。2011年，全县GDP预计达到186亿元，是2007年的1.7倍；累计完成固定资产投资387.9亿元，年均增长23.9%；地方财政收入7.04亿元，是2007年的1.4倍；城镇居民人均可支配收入19160元，农民人均纯收入8345元，分别是2007年的1.5倍和1.7倍；居民储蓄余额72.8亿元，是2007年的1.9倍。

（二）人口结构状况

2011年底，临邑县登记的户籍人口是541878人，流动人口3万余人。流动人口的基本特征可以总结为以下三个方面。

1. 流动人口相对集中

从居住区域看，流动人口多集中在县城驻地、西南石油勘探局临盘钻井公司、临盘采油厂驻地及重要的交通枢纽等经济比较发达的乡镇。据统计，在城区、临盘、恒源居住的流动人口达85%以上。其中，有固定职业且流动性较小的临盘采油厂、西南石油勘探局临盘钻井公司的职工，有3000人左右，他们来临邑工作已有十多年甚至更长，因此他们的流动性比较小，居住相对集中，也便于管理。从居住时间看，流动人口居住的季节性很强，多集中在春、夏、秋三季，其中，居住一个月至一年及一年以上的流动人口占总数的85%以上。从流动范围看，省内流动人员与省外流动人员基本平齐，本省流动人员略多于跨省流动，其中，省外流动人口半数是钻探公司的工人，约有2000人；省外流动人口多来自于东北三省、四川、浙江、河南、云南等地。

2. 流动人口结构复杂

临邑县的流动人口主要有四种类型：①从业型，主要包括务工、务农、经商、服务、保姆及各类临时工，这部分人员约占85%。②非从业型，主要包括旅游、因公出差、学习培训、治病疗养等人员，约占4%。③寄住型，主要包括寄养、寄住等投靠亲友人员，约占9%。④盲目流动型，主要包括无业游民、躲避计划生育者、乞丐等无正当职业人员，约占2%。在多种类型的流动人口中，从业型和非从业型流动人口是临邑县流动人口的主体，占总数的90%左右。这部分流动人口为临邑县的改革开放、城市建设、城乡商品生产与交流以及“两个文明”建设的协调与发展提供了劳动力资源和智力资源。盲目流动型则是流动人口管理的难点和重点。

3. 流动人口文化素质偏低，缺乏劳动技能

从目前情况看，流动人口的流向主要是农村向城市流动，经济落后地区向经济发达地区流动，这就不可避免地出现流动人口文化、思想、道德素质相对不高的问题。据统计，临邑县从业型流动人口中，大专以上文化程度的约占14%，高中（含职高、中专等）文化程度的占18%，初中文化程度的约占51%，小学以下文化程度的约占17%。由于流入人口文化素质偏低，又没有专业技能，在生产一线、建筑工地从事重体力劳动以及打零工、收购废旧品等成为他们的主要谋生手段。流动人口文化素质偏低在某种程度上制约了临邑县经济的持续健康发展。外来流动人口以青壮年居多，年龄在20岁以下的约占11%，多为外来流动人员子女；年龄在20～50岁的约占67%；年龄在50～65岁的约占15%，65岁以上的约占7%。

总之，从人口流动角度看，整个临邑县属于人口输出的地区，但临邑县的临盘街道则属于典型的人口倒挂地区。临盘街道办事处是临

邑县西城区，辖19个社区，总面积136平方公里，总人口11.9万。其中，农业人口5.6万，城镇人口6.3万。胜利油田临盘采油厂和中石化石油工程西南公司临盘钻井分公司坐落境内。近年来，临盘街道办事处秉承“建绿色临盘、创生态城镇”的发展理念，发扬“单项工作争第一，全面工作创一流”的临盘精神，抢抓机遇，乘势而上，形成了食品、塑编、化工、纺织、建筑建材、鱼鸭混养六大主导产业，工业企业400多家，规模以上企业达到86家；发展起临盘综合大市场、欧式街、韩国街、美食街和步行街“四街一市”商业中心，个体工商户6000多家；以门刘、袁郑、太平3个社区为试点，合村建区初见成效；建起全国最大的鱼鸭混养基地，存栏蛋鸭800万只。先后荣获“全国工贸主导型经济综合开发示范镇”、“全国创建文明村镇工作先进单位”、“全国婚育新风进万家活动先进单位”、“全国基层低保规范化建设示范乡镇”、“全国农产品加工业示范基地”、“国家农业标准化一类示范区”、“中国鸭蛋之乡”、“山东省最具投资价值的地方”、“山东省环境优美乡镇”、“山东省安全文明镇”、“山东省油地共建先进单位”、“山东省特色产业镇”等多项省部级荣誉称号。

外来人口的情况主要表现为：一是外来人口主要来自山东省外，其中，来自四川、湖北、湖南的占到80%以上。二是外来人口以经济活动为主，主要集中在临盘采油厂等企业，目前临盘采油厂80%以上是常住人口，且文化素质偏高，带来了先进的经验。三是外来人口的总量不断增加。四是外来人口滞留时间长。滞留数年以上、长期定居、举家全来的占80%以上，10年以上的超过50%。

在临盘街道的鱼鸭混养基地，有一个本不属于当地行政区划的自然村——“浙江村”。这个村有来自浙江舟山市的72户210名村民。他们不远千里跨省搞农业综合开发，自己发了财，也带动了当地经济的发展，成为农民奔小康的典型。1994年7月至1996年3月，140多户浙江人家在临盘落户，由于浙江人精通鱼鸭混养技术，在这批浙江人的带领下，临盘的鱼鸭混养规模不断发展壮大。在临盘镇政府的帮助下，他们投资3000多万元建起鱼鸭混养基地和“浙江村”，从此在临盘扎下根来。近几年，临盘街道办事处立足实际，组织专人调研、论证，发挥当地资源优势，找准了农村发展的路子，加大了对“浙江村”的支持与投资，并引进了先进的养鸭鱼池换水设备，养殖户由原先的240户猛增到目前的840多户，占地2000余亩，拥有蛋鸭400多万只，平均日产鲜蛋280多万枚；而且成立了“鱼鸭混养协会”保障生产，促进产品流通，协会提供有偿服务，从中收取中介费、场地费，在农民增加收入的同时实现了集体经济的增长。

二、临邑县政府对流动人口管理和服务的具体措施

（一）户籍制度改革与流动人口居住情况

1. 户籍制度改革进展

近几年来，临邑县按照上级出台的相关政策要求，积极稳妥地开展了户籍制度改革，县里相继出台了《临邑县人民政府关于改革城镇户籍管理制度的意见》（临政发［2002］55号）及《临邑县公安局关于办理城镇居民户口的实施细则》等文件，提出了有利于小城镇发展的服务措施，为群众经商、生活与工作中转迁户口提供便利，用灵活的户籍政策为当地经济发展提供了好条件，推动了临邑县的城市化进程，促进了全县经济更快更好的发展。

（1）山东省和德州市的户籍制度改革政策。山东省办公厅于2011年8月24日出台了《山东省人民政府办公厅关于贯彻国办发［2011］9号文件积极稳妥推进户籍管理制度改革的通知》（鲁政办发［2011］40号），实施了更加灵活的户口迁移政策，以方便农村人口就近有序转移。山东省公安厅近几年陆续出台了《关于进一步深化户籍管理制度改革的意见》（2004年6月26日），提出了取消农业、非农业二元户口性质的划分，统一称为居民户口，同时放宽了城镇落户政策。山东省公安厅《关于认真贯彻鲁政办发［2011］40号文件有关问题的通知》，进一步加快引导农业转移人口到中小城市和小城镇落户。德州市公安局于2009年5月25日出台了《关于进一步深化户籍制度改革简化办理户口手续的通知》，进一步简化了户籍登记迁移手续，方便群众来德州落户。

（2）临邑县户籍制度改革的基本情况。

一是调整户口准迁政策，降低了户口准入门槛。按照省厅和市局的要求，推行了以“合法固定住所和相对稳定的职业或合法生活来源”为条件的户口准迁制度。相继出台了鼓励农民在域区购房、在集镇建房落户，鼓励外来人员和农民投资兴业落户，鼓励农村剩余劳动力进城务工落户以及鼓励人才和大学生就业落户政策，不同程度地降低了户口准入门槛。

二是放宽户口迁移登记条件，实行了人性化的户口管理。放宽了户口迁移登记条件，实行了诸如投靠子女不受身边有无子女限制，大中专毕业生可以自由选择在城区或集镇投靠亲朋落户，计划内生育的小孩可按个人意愿随父或随母入户等人性化户口管理迁移政策。

（3）户籍制度改革的实施情况。

一是促进了户籍管理的科学有序及社会的和谐稳定。过去大量的农村群众进入城镇务工，经商人员即使在城镇购置了住房，长期在城镇工作、生活，但户口还是无法迁到城镇，造成了大量的人户分离，给公安机关的户籍管理增加了难度。同时，由于他们与周围城镇居民待遇形成反差，成为引发社会不和谐、不稳定的因素。现在他们拥有了城镇户口，实现了人户一致，就业就学等与原有城镇人口待遇相同，大量不稳定因素得到化解。

二是推动了城镇化进程。通过不同层次的户籍管理制度，改革、拓展了城镇区域，而且有效地缩小了城乡差距。2002 年实行户籍制度改革以前，临邑县城镇人口有 76344 人，占总人口 519026 人的 14.7%；而到 2011 年，近 10 年间城镇人口就增长到 203875 人，占总人口 541878 人的 37.6%，年平均增长率达到 4.55%。城镇人口的快速增长，也促进了临邑县主城区面积的迅猛拓展，城乡差距日益缩小。

三是实现了人力资源的合理流转。临邑县为引导农村富余劳动力资源向城镇合理转移，通过改革户籍管理制度，为数以万计的流入城镇的务工、经商人员办理了城镇落户手续，在为城镇建设输入新鲜血液的同时，也为农村、城镇人力资源的重新整合探寻了一条快速通道。

四是城乡居民待遇逐步走向平等。通过推进户籍管理制度，临邑县逐步出台了一些相关配套政策，革除了城镇、农村居民之间的不平等待遇条款，向城镇、农村居民利益关系的公平公正迈出了步伐。如教育部门一改以往重点高中招录城镇学生分数线明显低于农村学生分数线的政策杠杠，实行统一的分数线招生；公安交警部门在处理人身伤害事故赔偿时，尽量使用调解程序，缩小城镇、农村居民之间的事故赔偿差额；有的地方企业实现了农民工与城镇职工待遇一致。近 10 年，临邑县共引导农村劳动力转移 21858 人，解决“三投靠”人员 6289 人，引进省外人才 546 人。

2. 居住证制度实施进展

自山东省实施居住证制度以来，临邑县公安局积极开展了各种形式的宣传、发动活动，各派出所民警深入辖区对流动人口进行详细的摸排清查，并将流动人口信息及时、全面、准确地录入到流动人口服务管理综合信息系统。截至目前，已录入系统4075人，上传居住证信息1037条。

3. 保障性住房建设

为进一步解决外来人口住房保障问题，临邑县实行了三种途径。一是政府解决。建设犁城家园经济适用房352套，建筑面积2.48万平方米。二是鼓励支持企业自建。目前，香港工业园建设宿舍楼10.6万平方米，索通碳素建设职工公寓3.73万平方米，盛源家居建设公寓0.77万平方米。这些工程相继竣工或正在建设。三是实行职工自行解决。逐步实现了外来务工人员由无序居住向有序居住转变，由分散管理向统一管理转变。

此外，为加强建设领域外来人口的服务管理工作，临邑县采取了多项政策。一是严格市场准入。根据近几年来临邑县建筑市场实际情况，为提高工程项目建设水平，凡进入临邑县承揽工程的外地建筑施工企业，必须为总承包一级资质企业，且交纳信誉保证金，未被省、市主管部门记录不良行为，在县住房和城乡建设局备案后，方可参加工程招投标承揽工程。二是强化安全生产目标责任制。一方面，强化建筑安全生产责任制，推行“工程项目施工安全保证书”和“安全生产年度目标责任书”，落实“八项安全监管制度”，建立安全生产考核机制，通过行业惩戒措施强化企业的安全生产责任意识。另一方面，强化综合治理和平安建设责任制。健全综合治理目标责任，按照“谁用工，谁管理，谁负责”的原则签订安全生产责任状、综合治理责任状。健全治安管理、招聘用工、暂住人员管理、宿舍管理、防火、门卫值班等制度，以及农民工计酬手册、农民工权益告知牌等，要求管理工作到位，施工人员基本情况清楚，用工手续合法。三是加强建筑安全生产宣传教育。住建局注重加强建筑工地安全教育培训。根据年初教育培训计划，开展安全生产月活动，发送《建筑安全文明施工标准化图集》300多份，安全标语、安全教育标牌100多套，发放《建筑安全教育宣传手册》3000余册，举办三类人员培训1200人次。四是推进工地安全、文明创建活动。以建筑工地现场管理为重点，狠抓各项管理制度和综合治理防范措施的落实，遏制违法犯罪活动；形成争创文明工地的良好氛围，大大提高工地文明水平；将“平安工地”与“文明工地”的创建检查与考核相结合，确保工地安全、文明两达标。

（二）流动人口的计划生育管理

根据外来流动人口的分布特点，临邑县对流动人口的计划生育管理措施主要如下。

（1）重点加大了对城区流入人口的服务与管理，在实施《德州市城市社区计划生育管理服务办法》的基础上，不断创新工作思路、工作方法，提高社区计划生育管理服务水平。

一是在原“户、图、网”三位一体（简称“三位一体”）管理模式的基础上，计生局又开发了“临邑县计划生育信息管理服务系统”，其中包括“三位一体综合管理平台”、“人户分离交流平台”。“三位一体综合管理平台”使城区中的社区之间可以进行信息交流，“人户分离交流平台”使12个乡镇之间可以进行信息互通。这样，流动人口平台、三位一体、交流平台，把全县所有育龄妇女实行动态管理，实现了全员信息无缝隙覆盖。定期对外来人员全面调查摸底，开展“一送四带”活动——上门送一份优质服务连心卡，带知识手册、带避孕药具、带服务指南、带征求意见表，既摸清了真实情况，又与流入育龄群众交了心。

二是针对外来人员普遍存在的“门难进、情难摸、人难管”现象，临邑县整合社会资源，在住宅小区推行“三个结合”，即坚持计生管理服务与物业管理相结合，坚持计生管理服务与小区文化建设相结合，坚持计生管理服务与小区居民自我管理相结合。

（2）加强对企业流入人口的管理与服务，出台“临计生领字［2011］23号”等文件，在企业比较集中的村（或社区）成立了企业计划生育托管中心，对企业的流入人口开展管理与服务工作。该中心的主要职责：一是落实好各项计划生育日常管理和服务工作；二是全面掌握所覆盖企业计划生育基本情况以及企业内部育龄妇女的情况；三是定期向驻地乡镇（街道）计生部门反映企业育龄群众变更情况，定期组织企业育龄妇女参加孕、环情检查，督促她们落实避孕节育措施，并提供免费避孕药具；四是积极督促企业外来务工人员办理《流动人口婚育证明》并及时查验核实，纳入管理和服务，实现企业计划生育管理全覆盖。

（3）对长期在临邑县就业、生活和居住的流动人口，纳入城市公共服务体系，对流动人口实行属地管理，做到与常住人口的同服务、同管理，开展“四术”免费等各项服务，切实使流动人口融入城市、融入社区，实现流动人口与本地居民的和谐相处。

（三）流动人口的医疗卫生管理

近几年来，临邑县卫生工作始终以服务和改善民生、助推经济和社会各项事业发展为目标，不断创新举措、创新思路，千方百计在加快和服务区域经济发展方面出实招、求实效，对外来务工人员在政策允许范围内尽最大限度提供服务。

1. 积极开展企业服务年活动

一是为重点企业厂长（经理）继续健康查体，建立健康档案。将县委确定的100家重点企业进行划分，县医院、县中医院根据划分区域分别负责200余名重点企业的厂长（经理）健康查体工作，每半年为企业厂长、经理进行一次全面的免费健康体检，将检查结果及时进行告知，并根据体检结果制定合理化健康促进计划。各乡镇卫生院也积极行动，主动为乡镇驻地企业职工开展健康体检、咨询等服务。二是开辟就医“快速通道”。重点企业厂长（经理）及家属、子女到医疗单位就医实行优先安排，专人陪同，并根据患者要求或病情需要安排特需、特殊医疗保健服务，确保他们得到优质快捷的医疗服务。三是对外来务工人员子女免疫防病实行和当地儿童同等待遇，即同等纳入计划免疫范围、同等享受一类疫苗免费接种、同等按时通知定点接种、同等享受各类强化服苗和补种政策。近几年来，每年安排专人通过上门通知等方式进行摸底统计、组织集中接种。

2. 医疗保障工作

一是积极为企业参加新农合人员提供帮助。新农合制度试点起初，临邑县即规定外来常住人口，包括招商引资企业职工可在临邑县参加新农合，在临邑县各定点医疗机构就医享受新农合报销政策。全省统筹后，该政策虽废止，但临邑县仍为外地来临邑县打工、并在户口所在地加入新农合的人员积极提供报销手续。二是针对招商引资企业逐年增多和工作人员多为外来务工人员实际，根据企业申请，通过派驻人员等措施积极帮助企业成立职工卫生室，办理执业许可证等证件。卫生室药品从所辖乡镇卫生院采购，享受国家基本药物制度，卫生室药品实行零加成销售。目前，已为索通集团、泓淋电子办理了卫生室，香港世纪城卫生室也在办理中。

3. 职业健康查体工作

一是针对招商企业逐年增多实际，临邑县制定和完善了企业接触危险岗位人员健康查体工作制度，为企业直接接触职业危害因素的个人进行健康体检，对企业公共场所职业危害因素浓度、强度进行检测和评价，指导、帮助企业建立职业卫生台账和开展职业危害预防知识普及，并向企业承诺各项查体报告真实有效，保证企业用工安全，确保从业人员身体健康。二是对在工作中发现的个别企业不愿为职工健康查体的实际，耐心为企业负责人做工作，使之能认识到工作环境对职工身体造成的危害，以及按时组织查体的重要性，使各企业逐渐由“进不去门”向积极主动要求开展健康查体工作转变。对查体中发现的身体异常、职业禁忌症人员，提出进一步确诊治疗、调整工作岗位等建议。目前，临邑县每年组织查体3000余人，发现职业禁忌和疑似职业病人约占查体人数的4%，均及时做了相应处置。三是在艾滋病、结核病防治宣传日期间，组织专业人员深入各重点企业、外来务工人员较集中的场所宣传安全防护知识，提供艾滋病、结核病防治知识宣传，免费发放有关器具，携带检查检测设备，到企业开展查体、检测工作。

（四）流动人口的教育问题

1. 学前教育方面

为贯彻落实中央财政设立“扶持城市学前教育发展奖补资金”精神，要求全县公办性质的幼儿园和登记注册的民办园就近接收外来务工人员子女入园。幼儿园可根据班额规定，在有空余学位的情况下接收外来务工就业人员子女入园。让所有外来务工人员子女均能平等地享受与本区幼儿同等的学前教育待遇。2011 年，投资 1.5 亿元改扩建老五中、实验小学，新建了省级标准化幼儿园。

2. 义务教育方面

按照《中华人民共和国义务教育法》《国家中长期教育改革和发展规划纲要》《山东省中长期教育改革和发展规划纲要》《山东省义务教育条例》等有关规定，临邑县将外来人口子女义务教育纳入公共教育体系，并以全日制公办学校为主安排其接受义务教育，与本县适龄儿童享受平等的教育权利。参加中考的政策是：拥有本县义务教育阶段学籍的外来人口子女均可参加全市中考，享有同等进入本地高中学校就读的权利。

3. 职业教育、技能培训

临邑县职业学校的招生政策是：所有义务教育阶段的初中学生都可报考，对外来人口没有限制条件。2009 年，临邑县人民政府在临邑县职业学校（华忆）建立临邑县劳动创业就业培训基地。2012 年 4 月，在临邑县职业学校（华忆）举行了临邑县万人培训启动仪式。省市县没有具体的政策。

两次调整机关事业单位津贴补助，人均月增资 450 元，实现了县乡工资统一标准。全县教育支出 30938 万元，增长 14.37%。其中，中小学薄弱学校改造资金 1965 万元，发放中等职业学校助学金 113 万元，贫困寄宿生生活费补助 120 万元，义务教育学校公用经费 3099 万元。

（五）就业再就业政策

近年来，临邑县认真落实就业再就业政策，积极完善就业再就业服务体系，全力构建和谐劳动关系。2012 年 1 ~ 11 月，全县城镇新增就业 7004 人，完成全年目标任务的 103%；农村劳动力转移 11200 人，完成全年目标任务的 112%；全县就业培训 8500 人；城镇登记失业率控制在了 3% 以内。

1. 狠抓就业服务促就业

一是积极为求职者和用人单位提供免费服务。2011 年，临邑县建成了 3000 平方米的就业创业市场，市场设施齐全，功能完备，分为 8 个服务区域，开设 11 个服务窗口，配备了 20 平方米的大型电子显示屏、144 个招聘摊位和 4 间职业指导室，每周四为固定招聘日，为城乡劳动者和用人单位免费提供用工登记、求职登记、失业登记等一站式、一条龙服务。临邑县充分发挥就业创业市场的作用，2012 年以来成功举办了春风行动招聘会、民营企业招聘周、大中专毕业生专场招聘会等 9 场大型招聘会，先后组织了索通碳素、泓淋电子、齐鲁制药、贝依格等近 106 家用人单位进场招聘洽谈，为求职者提供了 8700 个就业岗位。

二是开展"高校毕业生就业服务月"系列活动。通过召开综合性招聘会、专场招聘会、网络招聘会等活动，为高校毕业生和用人单位搭建有效的沟通平台，定期将用人单位需求信息发布在县人才市场、人才网站，提高毕业生就业服务的时效性，并做好跟踪服务，及时为到企业就业的毕业生办理户口迁移、档案接管、职称评审等人事代理服务。

三是妥善安置困难群体就业。临邑县通过居委会推荐、个人申报、上门落实等方式，对下岗失业人员和就业困难群体进行调查摸底，做到家庭状况、失业原因、技能特长、培训愿望、择业愿望、就业去向"六清楚"，并实行动态跟踪管理。同时，派专人深入企业、社区，全面掌握空岗信息，并积极开发公益性岗位，对下岗失业人员提供政策扶持和再就业援助。2012 年 1～11 月，实现职业指导 1230 人，失业人员再就业 825 人，其中，就业困难群体就业 232 人。

2. 抓好技能培训促就业

2012 年，临邑县将就业创业万人培训工程列入“十大民心”工程之一，县人社局积极拓宽就业创业培训渠道，成立了万人培训工程领导小组，制定了方案，取得明显成效。截至目前，共培训企业及城乡劳动者 8500 人，落实就业培训资金 425 万元。具体措施如下。

一是整合技能培训资源，加大对培训学校的培植力度。临邑县形成了聚圣源焊校、东方培训学校、达美服装学校、玉柏培训学校和成教中心等 8 家具有一定培训能力和实力的培训学校，这些学校被确定为德州市定点培训基地，是全县就业培训工作的有力补充。这样，全县形成了以县创业就业训练中心为龙头、8 家定点培训机构为补充的就业创业培训机制。

二是开展送技能培训下基层活动。主管部门依托 8 家定点培训机构，自带教学设备下乡镇送培训到田间地头。

三是实行部门联动，和妇联、民政局、农业局等部门合作，形成大培训格局，培训养老护理员、育婴师、家政服务员、电焊工等多个专业。

四是创新培训模式，推行“三单式”培训。为有效破解招工难与求职难并存的结构性就业矛盾，主管部门推行了企业订单、机构列单、政府买单的“三单式”培训模式。“三单式”培训模式分别被姜大明省长、夏耕副省长批示，引起社会各界的广泛关注，全省有无棣、五莲、蓬莱、博山等 14 个县市区来主管部门参观学习。

（六）其他服务管理工作

在加强建设领域流动人口管理中，住建局突出服务理念，注重管理与服务并重。要求各建筑施工企业严格执行雇主责任险、建筑工人意外伤害险等，保障建筑工人的合法权益。在建设监察巡查及建筑安全监督检查时注意督查建筑工地食堂、住宿的规范化管理，保障建筑工人食品安全，环境卫生。为提高务工人员的安全意识和作业水平，主管部门多次组织开展各类技能培训。

另外，切实做好建设领域农民工工资清欠维稳工作。一是成立农民工工资发放监管领导小组。局长任组长，一名分管业务的副局长任副组长。施工科为农民工工资发放监管办公室，具体负责监督全县建筑业农民工工资发放。二是建立农民工用工登记和工资支付监控制度。各建筑施工企业建立健全用工登记，实行建筑业农民工专用合同，切实做好农民工进场、退场登记工作，详细编制农民工工资支付明细表，明确工资支付对象、时间、金额等，工资须直接支付农民工本人，不得他人代领。三是建立农民工工资保证金制度。工程项目开工前，建设单位和施工企业分别按工程合同标的额的2%缴纳工资保证金，否则不予办理开工许可。一旦发生农民工工资拖欠，由保证金先行垫付。四是强化监督检查，加大责任追究和惩处力度。在施工现场公布投诉举报电话，悬挂、张贴“承诺不拖欠农民工工资”的标语、标牌，引导农民工依法维护自己的合法权益，增强法律意识。切实将农民工工资发放监管摆上重要议事日程，定期组织开展专项检查活动，严厉查处拖欠农民工工资的行为，对违规企业的不良行为记入其信用档案，据此对其市场准入、投标资格、资质年检等进行限制，情节严重造成恶劣影响的清理出建筑市场。

三、政策建议

虽然临邑县在对外来流动人口的管理和服务方面取得了一定的成绩，但一些方面仍待完善。

1. 推动户籍配套改革

近年来，全国十多个省市探索实施了进一步改革户籍管理制度的政策措施，探索建立居住证制度等。户籍制度改革本身并不复杂，但附加在户籍制度之上的相关社会经济政策以及由此形成的社会利益分配格局却是错综复杂的，不研究解决好相关的社会经济政策问题，不破除各种壁垒，户籍管理制度改革将难以全面稳步推进。目前，户籍管理制度改革的重点和难点应该是相配套的政策和制度设计。比如，临盘采油厂隶属于中石化胜利油田采油厂，虽然他们的职工子弟的户籍属于临邑县，但教育方面隶属东营市，执行的是山东胜利油田的制度，采油厂职工子弟的学籍在东营市。临盘采油厂有自办的幼儿园、小学、初中，但没有高中。每年初中毕业200多人，也只有五六十人能考上东营一中，而大部分考不上东营的高中。如果这些职工子弟上临盘高中，就要交赞助费。另外，虽然基本公共卫生服务逐渐实现城乡均等化，但受政策限制，外来务工人员既无法在当地，也不能在打工地享受免费的基本和重大公共卫生服务项目，因此还应该制定、实行外来人员和本地居民同等享受免费查体、健康教育、慢病管理等公共卫生政策，上级公共卫生经费随人员流动而增加或减少。

2. 做好流动人员的计划生育服务工作

临邑县当前的计划生育工作存在着宣传教育不到位、缺乏有效约束力的问题，部分流动人口不知道有关流动人口管理的规定，不知道自己享有的权利和义务，不知道外出前要办理《流动人口婚育证明》，到流入地后要主动交验《流动人口婚育证明》，接受现居住地的管理与服务。对于一些流动的育龄妇女，明知她没有办证，计生部门也无可奈何。因为到目前为至，还没有法律法规对这种情况进行规范和处理，当地有关部门也没有有效的约束管理措施和处罚办法。为此，一方面，要加强对流动人口的宣传力度。宣传人口与计划生育“一法三规”，加大法制宣传、法律服务，提高维权水平，宣传流动人口在计划生育方面享有的权利和义务，多制作一些流动人口管理方面的宣传品。另一方面，保证必要的经费投入，不断提高计划生育管理服务水平，满足广大外来育龄群众的需求。虽然县、乡两级投入大量的资金，对计生管理员、楼长、巷长进行了工资发放，但是很难保证工作的正常运转，建议国家拿出一部分专项资金，解决楼长、巷长待遇低的问题，充分发挥他们的作用，及时了解外来人员的婚、孕、育等情况，满足她们的需求。

3. 强化措施，妥善落实流动人口服务和管理工作经费

一是按照“分级管理、分级负担”的原则，将流动人口服务和管理工作经费纳入同级财政预算予以保障。二是保证流动人口申报居住登记和申领居住证所需经费。流动人口申报居住登记和申领居住证，不收取任何费用，所需成本性开支要纳入同级财政预算予以保障。三是做好流动人口公共服务经费保障工作。流动人口享有的义务教育、社会保险、医疗卫生、法律援助等公共服务所需经费，要列入公共财政预算，予以统筹考虑。其中，临邑县外来人口随迁子女就近安排到相应学校就读，随迁子女在义务教育阶段就读的免收借读费，与当地学生一样按国家政策安排义务教育保障经费。

下篇

案例研究

案例一

浙江省湖州市人口倒挂地区流动人口调查数据分析报告

一、基本情况

浙江省湖州市共有样本320个，吴兴区和南浔区分别有120个样本，德清县和安吉县分别有40个样本。其中，吴兴区织里镇和南浔区南浔开发区是湖州流动人口较为集中的地区。从样本结果来看，100%的被调查者携带配偶或子女，83.8%的被调查者举家迁移，这可能与样本的选取方式有关系。

样本中94.4%为农业户口，并且男性有181个，占56.6%，高于女性。1970～1980年出生的流动人口占比最高，为35.3%；“80后”和“90后”新生代农民工占41.9%。学历以初中及其以下为主，占总样本的85.9%，其中初中学历最多，占总样本的55.9%；大学本科和研究生学历分别只有1个人（见表1）。

样本中流动人口以跨省流动为主，共有281人，占比87.8%；省内跨市和市内跨县分别为30人和9人，占比为9.4%和2.8%。目前所有流动人口均居住在务工当地，且95%办理了暂住证或者居住证，

表1　样本年龄分布情况

出生时间	比重（%）
1969年12月31日之前	22.8
1970～1979年	35.3
1980～1990年	31
1990年1月1日以后	10.9

92.8%处于就业状态。但样本中流动人口在本地居住5年及5年以下者占大多数，其中1年以下的流动人口为85人，占比26.6%；1～5年的流动人口为139人，占比43.4%；超过5年的流动人口总数为95人，占比30%。

二、就业状况

（一）流动人口职业分布情况

样本中流动人口中以从事生产、经商、建筑、专业技术等工作为主，分别为99人、46人、31人、20人，各自占比30.9%、14.4%、9.7%和6.2%。其他各行业均有零星分布。具体分布见表2。

表2

主要职业	人　数	占比（%）
国家机关党群组织企事业单位负责人	3	0.9
专业技术人员	20	6.2
经　商	46	14.4
商　贩	18	5.6
餐　饮	18	5.6
家　政	1	0.3

续表

主要职业	人　数	占比（%）
保　洁	3	0.9
保　安	1	0.3
装　修	15	4.7
其他商业服务业人员	14	4.4
生　产	99	30.9
运　输	5	1.6
建　筑	31	9.7
其他生产运输设备操作人员及有关人员	18	5.6
无固定职业	2	0.6
其　他	3	0.9
合　计	297	92.8
缺失项	23	7.2

（二）流动人口单位性质情况

样本中流动人口就业单位以私营企业和个体工商户为主，分别为152人、97人，占比为47.5%和30.3%。而在事业单位、国有企业就业的流动人口占比不足2%。具体见表3。

表3　　流动人口就业单位情况

就业单位性质	人　数	占比（%）
土地承包者	1	0.3
机关事业单位	2	0.6
国有及国有控股企业	2	0.6
集体企业	19	5.9
个体工商户	97	30.3
私营企业	152	47.5
中外合资企业	9	2.8
其　他	1	0.3

续表

就业单位性质	人　数	占比（%）
无单位	14	4.4
总　计	297	92.8
缺失项	23	7.2

（三）流动人口目前就业身份情况

样本中流动人口主要是雇员，为188人，占比58.8%。另外，雇主和自营劳动者分别为49人和52人，占比15.3%和16.2%（见表4）。

表4　流动人口就业身份情况

身　份	人　数	占比（%）
雇　员	188	58.8
雇　主	49	15.3
自营劳动者	52	16.2
家庭帮工	8	2.5
总　计	297	92.8
缺失项	23	7.2

“90后”由于参加工作时间不长，几乎全部是雇员。1970年以前、1970～1980年、1980～1990年出生的人在各阶段都是以雇员为主。1970年以前出生的劳动者工作时间较长，继续在流入地工作的劳动者经验较为丰富，这个群体中成长为雇主或者自营劳动者的比例最高，达到40.3%。而1970～1980年出生的劳动者是流动人口的主力军，人口基数大，也有一定的工作经验，这个群体中共有23名雇主和17名自营劳动者，绝对数最大，比例为37.0%。“80后”为新生代农民工，其生长环境和阅历与其父辈有着较大的差异，虽然参加工作时间不长，但拥有创业精神和理想，已有13名雇主和17名自营劳动者，

比例达到34.8%。

从就业身份和学历的关系来看，由于样本中初中学历流动人口占绝大多数，该群体中雇主和自营劳动者的绝对数量最多，占比38.8%；大学专科学历群体中雇主和自营劳动者的比例最高，达到44.4%。

从就业身份和户口性质的关系来看，由于样本中流动人口以农业户口为主，所以该群体中雇主和自营劳动者的比例和数量也是最多的，分别为34.4%和96人。

从就业身份和流动范围看，省内跨市流动人口的绝对数量比跨省流动人口的数量要少很多，但该群体中雇主和自营劳动者的比例却远高于其他流动范围人群，达到58.6%；而跨省流动人口中只有31.6%。原因在于省内跨市人口的地缘、人脉资源等优势。

从就业身份和本次流入时间的关系来看，基本呈现出流入时间越早，成为雇主和自营劳动者的可能性越大。原因在于，一方面流动人口在同一地方打工时间越长，其行业经验、人脉资源等积累越多，越容易成为雇主和自营劳动者；另一方面长期在同一地方打工的流动人口的基数也较小。具体来看，流入时间10年以上的流动人口群体中雇主和自营劳动者的比例为40%，5~10年和5年以内的流动人口中这一比例分别为35.8%、32.7%。

（四）流动人口住房情况

样本中流动人口以租住私房为主，共有251人租住私房，占比78.4%；住在单位雇主提供的免费住房中的共有36人，占比11.2%；自购房和自建房的人数较少，分别只有7人和6人，各占2.2%和1.9%。具体如表5所示。

表 5　　流动人口住房情况

住房形式	人　数	占比（%）
租住单位雇主房	14	4.4
租住私房	251	78.4
单位雇主提供免费住房	36	11.2
就业场所	4	1.2
自购房	7	2.2
自建房	6	1.9
其他非正规居所	2	0.6
总　计	320	100.0

从住房与年龄的关系看，“90 后”由于入职时间较晚，主要选择租住私房和单位雇主提供免费住房，其中选择单位雇主提供的免费住房的比例最高，为 28.6%。原因主要是成家的比例较小并且入职时间较晚。其他各年龄段主要选择租住私房，1970 年以前出生的人的比例为 72.6%，1970～1980 年出生的人的比例为 85%，1980～1990 年出生的人的比例为 78%。

从住房与教育程度的关系看，初中及其以下学历的流动人口绝大多数租住私房，比例为 81.1%，该群体中自购房或者自建房的比例不到 2%。随着学历的提高，流动人口中自购房或者自建房的比例逐步上升，高中学历中比例为 10.7%，中专学历中比例为 16.7%，大学专科学历中比例为 33.3%，大学本科学历中比例为 100%。需要说明的是，由于样本中初中及以下学历的人口所占比例过大，结果可能有偏。

从住房与流入本地时间看，由于财富积累和工作稳定程度的关系，总体上，住房条件的改善与流入时间呈正比关系。在 1 年以下的流动人口居住单位雇主提供免费住房的比例（22.3%）显著高于工作时间较长的流动人口（其他时期最高为 4.5%），自建房和自购房的流动人口绝大多数（54%）是流入时间超过 5 年的流动人口。

（五）流动人口享受职工医保情况

从对是否享有城镇职工医疗保险的回答情况来看，88.1%的人没有参加城镇职工医疗保险，仅有29人即不足10%的人参加城镇职工医疗保险（见表6）。

表6 流动人口享受医保情况

享受医保情况	人　数	占比（%）
是	29	9.10
否	282	88.10
不清楚	9	2.80
合　计	320	100.00

从参加职工医保与年龄的关系看，“90后”流动人口参加职工医保的比例为14.28%，明显高于其他各年龄群体，这可能与新生代农民工对城市的认同感更高有关。

从职工医保与户口性质看，非农业人口参加本地城镇职工医疗保险的比例为30%，远高于农业户口参加本地城镇职工医疗保险的比例7.6%。

从职工医保与教育程度的关系看，总体来说，教育程度越高，参加城镇职工医疗保险的比例越高。高中及其以上学历的流动人口参加职工医保的比例为15.6%，而初中及初中以下学历的流动人口参加职工医保的比例仅为7.9%。

从职工医保与流动范围的关系看，市内跨县流动的人口参加职工医疗保险的积极性最高，达到22.2%，而省内跨市的这一比例为10%，跨省流动的这一比例为8.5%。

从职工医保和在本地居住时间的关系看，在本地居住5~9年的群体参加职工医保的积极性最高，而1年以下、1~4年和10年以上的群体分别只有8.5%、5.8%和4.3%的人参加职工医保。主要原因是，这一部分群体在本地的稳定性最高。

从职工医保和流动人口就业单位性质来看，国有企业就职的流动人口100%参加职工医疗保险，中外合资企业工作的流动人口参加职工医疗保险的比例为22.2%，也明显高于其他性质的企业。机关事业单位就职的2名流动人口未参加医疗保险的原因可能是享受公费医疗或为单位派遣制员工。

（六）流动人口医疗报销情况

超过九成的调查对此问题没有作答，回答的29人中有25人可以同当地居民一样参加医保，看病付费时直接减免。

三、生活与感受

（一）流动人口参加当地社会活动情况

从问卷结果可以看出，流动人口参加本地各项活动的积极性普遍不高，相比之下，参加社区卫生、健康教育活动的积极性最高，为34.4%，说明本地各种活动对流动人口的吸引力并不强（见表7）。

横向比较来看，1970年以前出生的流动人口参加各类社区活动的积极性略高于其他年龄群体，原因可能是这部分人在本地工作时间较长，更为熟悉本地。值得注意的是，“90后”参加社区卫生、健康教育活动的积极性非常高（42.9%），远高于其他各类群体和各种活动。

表7 流动人口参加当地社会活动情况

各种活动	参加人数	
	人　数	比例（%）
社区文体活动	26	8.1
计划生育协会活动	67	20.9
社区卫生、健康教育活动	110	34.4
选举活动	7	2.2
社会公益活动	18	5.6

由于高中以上学历样本过少，流动人口被调查者参加本地社会活动与受教育程度的相关关系不是很明显。

非农业户口的流动人口参加本地各项社会活动的积极性显著高于农业户口的流动人口，原因可能是非农业户口对这些活动的认同感高于农业户口流动人员。

相较于初婚和再婚，未婚流动人口参与社会公益活动、社区卫生、健康教育活动和选举活动的积极性明显较高，这可能与未婚劳动者相对更为自由有关。

市内跨县和跨省流动的流动人口参与计划生育协会活动和社区卫生、健康教育活动的积极性明显高于省内跨市的流动人口，这可能与计划生育服务的便利性等有关。市内跨县的流动人口参加选举活动的积极性明显较高。

总体上看，在本地居住1～5年的流动人口参加各种活动的积极性明显高于其他居住时间段的群体，原因可能是居住1～5年的人最有活力，希望融入当地社会的意愿较为强烈。

专业技术人员参加本地活动的积极性明显高于其他职业流动人口，这可能与专业技术人员较高的文化水平和相对较自由的身份有关。

总体来看，自营劳动者参加本地活动的积极性要高于其他身份就业的群体。值得注意的是，自营劳动者和家庭帮工参加选举活动的比例均为0，这可能与选举制度有一定的关系。

由于样本量较小，流动人口参加本地社会活动与住房状况没有明显的相关关系。

总体来看，随着收入的增长，流动人口参加本地各项活动的积极性在增长，但家庭月收入在10000元以上的流动人口参加各种活动的积极性较低，一方面与高收入人群较为繁忙有关，另一方面也与样本量较小有关。

（二）流动人口业余时间主要来往对象情况

关于问题“您业余时间在本地和谁来往最多”的回答中，超过七成的流动人口主要和同乡来往，其中又以与户口同在老家的同乡之间的来往为主要特征，其比例为60.3%；主要同本地人来往的人为11.9%；而主要与其他外地人来往的流动人口不足10%。具体见表8。

表8　流动人口业余时间来往对象情况

您业余时间在本地和谁来往最多（不包括顾客）	人　数	占比（%）
同乡户口在本地	33	10.3
同乡户口在老家	193	60.3
其他本地人	38	11.9
其他外地人	31	9.7
很少与人来往	25	7.8
总　计	320	100.0

由于打工时间较长，认识的人相对较多，1970年以前出生的劳动者平时主要与本地或者其他外地人来往的比例明显高于其他年龄段的流动人口，该群体比例为27.4%；而1970～1980年、1980～1990年

出生的人以及“90后”的这一比例分别只有17%、22%和20%。

总体上看，由于高中以上学历的样本过少，所以交往范围与教育程度并未呈现明显特征。

非农业户口的流动人口更愿意与本地人或其他外地人来往，其比例达到30%，相比之下，农业户口的流动人口中就有17.5%的人愿意主要和本地人及其他外地人来往。

相比于未婚的流动人口，有过婚史的流动人口更愿意同本地人以及其他外地人来往，其比例达到22.8%。其中，离婚的群体最高，为67%；而未婚的为16%。原因可能是未婚的青年年龄较小，阅历较少，更愿意同同乡来往。

失业、无业以及操持家务的流动人口几乎不与本地人或者外地人来往，相比之下，就业的流动人口更愿意同本地人或者其他外地人来往，其比例为22.6%。原因可能是工作中才能有机会接触和认识本地人以及其他外地人。

相比于跨省流动的流动人口，省内跨市及市内跨县的流动人口愿意与本地人和其他外地人交往的比例超过30%，而跨省流动的人口中这一比例仅为19.5%。原因是省内或者市内的流动人口在方言、生活习惯等方面与流入地更为接近。

近八成流动人口在个体工商户和私营企业中工作。在个体工商户中工作的流动人口业余时间主要同本地人或者其他外地人来往的比例为37%，而私营企业工作的人中仅有12.5%。

自营劳动者和家庭帮工群体中近50%的人主要同本地人或者其他外地人来往，而雇员群体中这一比例仅为14%，雇主中为22.4%。原因在于自营劳动者和家庭帮工所在的企业可能较小，更容易认识和有必要与本地人及其他外地人打交道。

总体上看，家庭月收入越高的流动人口越愿意与本地人或者其他外地人来往，如月收入 10000 元以上的家庭中有 32% 的流动人口愿意与本地人或者其他外地人来往，明显高于其他收入群体。

（三）关于流动人口幸福感情况

通过问题“与老家（流出地）相比，您现在是否感觉幸福”的回答可以发现，近七成的人感觉是幸福的，仅有 1.6% 的人感觉不幸福（见表 9）。

表 9　　流动人口幸福感情况

与老家（流出地）相比，您现在是否感觉幸福	人　数	占比（%）
很幸福	37	11.6
幸　福	187	58.4
一　般	91	28.4
不幸福	5	1.6
合　计	320	100.0

总体来看，随着教育程度的提高，感觉一般或不幸福的比例在提高，如未上过学（18.2%）、小学（22.4%）、初中（34.6%）、高中（28.6%）、中专（50%）等，这可能与随着学历的提高，个人自我要求更高有关。

感觉不幸福的非农业户口（5.9%）比例高于农业户口（1.3%）的群体，但近 1/3 农业户口（29.1%）流动人口感觉一般，远高于非农业户口流动人口（17%），这说明总体上非农业户口比农业户口流动人口感觉幸福。

跨省流动的流动人口感觉一般或不幸福的比例（29.5%）要高于省内跨市（23.3%）和市内跨县（22.2%）的流动人口，同时跨省流动的流动人口感觉很幸福的比例（12.5%）要高于省内跨市（3.3%）

和市内跨县（11.1%）的流动人口。原因一方面可能是跨省流动人口比例过大，另一方面跨省流动人口自身发展可能更加多样化。

未婚和离婚的流动人口的幸福感明显较差，其感觉一般或不幸福的比例分别为38%和33%，高于初婚（28.8%）、再婚（20%）等。考虑到样本数量，整体上看结婚的流动人口比单身的流动人口的幸福感要强。

由于样本较小，不对就业和其他工作状态的人员进行对比分析。在就业的人群中，超过31%的人感觉一般或不幸福，说明就业的质量有待于进一步提高。

雇主（40.8%）和雇员（33.5%）选择一般或不幸福的比例远高于自营劳动者（17%）和家庭帮工（12.5%），这说明经营的压力比工作本身的压力更大。

流入本地15年以上的流动人口感觉一般或不幸福的比例（53.8%）远高于其他群体——10~15年（21.2%）、5~10年（12.1%）、5年以内（19.6%），这可能与年纪较大、对家乡的眷恋有关。

“90后”流动人口的幸福感比其他各年龄层次要低，其选择一般或不幸福的比例为40%，而1970年前、1970~1980年、1980~1990年出生的人选择一般或不幸福的比例分别为28.8%、31.9%、25.3%，这可能与“90后”对权利以及身份有着更加强烈的要求有关。

家庭月收入为5000~8000元、8000~10000元的人幸福感最强，其选择很幸福和幸福的比例为78.8%、88.9%，2000元以下、2000~3000元、3000~4000元、4000~5000元、10000元以上的该比例分别为54.5%、63.6%、58.7%、75.5%、56%，这说明收入处于中上等群体的幸福感最为强烈。

（四）流动人口对所在城市的认同感

98.3%的流动人口基本同意或完全同意喜欢现在居住的城市，97.2%的流动人口关注现在所居住城市的变化，89.3%的流动人口愿意融入本地并成为本地的一员，90.3%的流动人口觉得本地人愿意接受其为其中一员，73.3%的流动人口并不觉得本地人总是看不起外地人，从这些数据分析可以看出，流动人口对本地的认同感是非常强烈的。

总体来看，各因素与对城市感觉的各方面在很大程度上是一致的，因此我们仅考察“我喜欢所居住的城市”与各因素的相关分析。

各年龄段的流动人口觉得喜欢自己现在居住的城市的比例均超过或接近95%，其中1980～1990年出生的人完全同意喜欢所居住城市的比例接近一半，表明新生代农民工对城市的认同感更高。

从收入上来看，家庭月收入低于2000元的流动人口对所居住城市的喜欢程度略低于其他群体，但并不十分显著，表明对城市是否喜欢与收入的关系不是很密切。

总体上看，在本地居住时间较短的流动人口完全同意喜欢所居住城市的比例要低于其他群体，表明总体上对所在城市喜欢与否与对该城市的了解和熟悉程度存在正相关关系。

非农业户口与农业户口的流动人口相比，更加喜欢所在的城市，完全同意喜欢所居住城市的非农业户口比例为52.9%，远高于农业户口流动人口的比例（40.4%），这可能跟生活习惯以及对城市的依赖程度有关。

从身份上看，家庭帮工最喜欢所居住的城市，其次为雇主、雇员和自营劳动者。

持证的流动人口比没有持证的流动人口更加喜欢所居住的城市，

这可能与持证人员有资格享受城市的一些福利有关。

住房性质属于自购房和自建房的流动人口对所居住城市的喜爱程度更强，选择完全同意的比例均为100%。

“90后”选择不同意的比例最高（5.7%），1970年前出生与1970~1980年、1980~1990年出生的人的这一比例分别为2.7%、1.8%、3.0%，并且选择完全同意的比例最小（22.9%），1970年前出生与1970~1980年、1980~1990年出生的人的比例分别为30.1%、31.9%、36.4%，这表明“90后”对所居住的城市的要求相对更高。

总体来看，收入越高，越喜欢所居住的城市，表现在家庭月收入在万元以上的流动人口选“完全同意”的比例为40%，高于其他收入群体，2000元以下、2000~4000元、4000~6000元、6000~9999元收入群体选择“完全同意”的比例分别为31.8%、34.4%、29.3%、23.8%。这可能是由于收入越高，对城市的认同感越强。

（五）流动人口迁入户口的意愿

关于问题“如果没有任何限制，您是否愿意把户口迁入本地”的回答中，愿意迁入、不愿意迁入以及没想好的人群基本各占1/3，表明本地户口对流动人口总体上并没有明显的吸引力（见表10）。

表10　流动人口迁入户口意愿

如果没有任何限制，您是否愿意把户口迁入本地	人　数	占比（%）
愿　意	121	37.8
不愿意	101	31.6
没想好	98	30.6
总　计	320	100.0

1970~1980年出生的人群中有43.4%的人愿意将户口迁入本地，

而“90 后”只有 22.9%，相形之下，有 39.7% 的 1970 年前出生的人不愿意将户口迁入本地，明显高于 1970～1980 年出生的人（33.6%）、1980～1990 年出生的人（24.2%）以及“90 后”（28.6%）。而“90 后”目前没想好的人有 48.6%，明显高于其他年龄群体，原因在于目前户口对于有小孩的人影响最大，而“90 后”目前对此并不十分关心。

除了家庭月收入 1 万元以上的高收入流动人口外，收入越高，越想将户口迁入本地。家庭月收入 2000 元及以下、2001～4000 元、4001～6000 元、6001～9999 元的人想把户口迁入本地的比例分别是 18.2%、28.9%、42.2%、59.5%，特别是家庭月收入处于4001～6000 元、6001～9999 元的群体中大部分愿意将户口迁入本地，反之，收入较低的则不愿意。这表明对大部分收入不错的劳动者来说，愿意迁入户口，过稳定的生活。需要注意的是，家庭月收入超过 1 万元的流动人口中有 66% 的人不愿意或者没想好是否迁入本地，说明收入较高的人选择的余地更大。

很明显，在本地居住的时间越长，流动人口越愿意将户口迁入本地，本地居住 1 年以下、1～4 年 5～9 年、10 年以上愿意将户口迁入本地的比例分别是 17.3%、46.4%、54.5%、63.0%。这表明长期居住一地的流动人口随着技能和人脉的熟悉，稳定性是逐步增强的。

从占样本绝大多数（86%）的初中及其以下学历的流动人口的选择来看，愿意迁入户口的比例为 38.9%，相比于不愿意迁入户口的 30.5%，表明户口对于他们的吸引力并不十分明显。

非农业户口的流动人口关于是否迁入户口的态度较为明确，只有 17.6% 的人没想好，愿意迁入和不愿意迁入的各占一半，这表明本地户口对非农业流动人口的吸引力并不强。而对于农业户口流动人口来说，有31.1%的人没想好，这表明原籍农村户口对很多流动人口来说仍有着不小的吸引力。

国家机关、党群组织、企事业单位负责人，运输、生产运输设备操作人员，以及相关人员等职业的流动人口绝大部分愿意将户口迁入本地，比例分别是66.7%、80%、66.7%，而经商、商贩等职业的人均有超过一半的人愿意将户口迁入本地，专业技术人员、生产、建筑等流动性较强的职业均只有不足1/3的人愿意将户口迁入本地。这表明户口与职业发展及收入相比，人们更重视后者。

自营劳动者和家庭帮工流动人口中均有一半的人愿意将户口迁入本地，明显高于雇员和雇主（分别为31.4%和36.7%）。其原因是自营劳动者和家庭帮工对本地的依赖性相对于雇主和雇员更强。

持证的人中愿意将户口迁入本地的比例为38.5%，略高于没有持证的人（30.8%）；而没有持证的人中有46.2%的人不愿意将户口迁入本地，明显高于持证的人的比例（30.9%），表明没有持证的人的稳定性相对更差。

自购住房和租住私房的流动人口愿意将户口迁入本地的比例为43%，明显高于其他住房性质的群体，租住单位雇主房和就业场所的人中超过一半（分别是71.4%和50%）不愿意将户口迁入本地，表明迁入户口的意愿同居住稳定性成正比。

（六）流动人口收入情况

从流动人口家庭收入情况来看，64.3%的人家庭收入在2000～6000元之间，其中2000元以下的仅占6.9%，表明普通职工的工资大部分在2000元以上；同时有15.6%的人家庭收入在1万元以上，原因可能是流动人口已经成为雇主或者个体企业主。具体情况见表11。

表 11　流动人口收入情况

收入情况	人　数	占比（%）
2000 元及以下	22	6.9
2001～4000 元	90	28.1
4001～6000 元	116	36.2
6001～9999 元	42	13.1
1 万以上	50	15.6
合　计	320	100.0

流动人口家庭月收入总体上与年龄呈相关关系。“90 后”流动人口家庭月收入在 6000 元以上的比例（17.2%）显著小于其他 1970 年前（35.6%）1970～1980 年（29.2%）、1980～1990 年（27.3%）出生的群体，1970 年前出生的流动人口家庭月收入处于 2000 元以下水平的也最小，1980～1990 年出生的流动人口家庭月收入处于 4001～6000 元的水平显著高于其他群体，表明流动人口的收入与家庭规模、熟练程度等最为相关。

收入情况和教育程度总体上呈现正相关关系。首先，家庭月收入达到或超过 6000 元的流动人口中，大学专科学历的比例为 44.4%，显著高于高中（16.7%）、初中（34.7%）、小学（18.9%）等群体（大学本科和专科样本过小，在此不讨论）。但是，大学专科学历在 2000 元以下的最低收入组所占的比例也是最高的，这可能与大部分专科学生刚毕业有关。另外，高中学历的人在各收入水平上相对最为平均。

与农业户口的流动人口相比，非农业户口的流动人口家庭月收入有 58.8% 集中于 4001～6000 元之间，家庭月收入高于 6000 元或者处于 2001～4000 元水平的比例都显著小于农业户口流动人口。一方面样本中绝大部分是农业户口，另一方面可能与非农业户口的能力较为集中有关。

省内跨市流动人口中有30%的家庭月收入在10000元以上，显著高于跨省流动（14.6%）和市内跨县（0）的群体，原因在于省内跨市更有可能成为雇主或者个体工商户。

在本地1年以下的流动人口家庭月收入在2000元以下的比例（10.1%）明显高于1~4年（4.3%）、5~9年（4.5%）、10年以上（6.9%）的群体。在本地时间1~4年以上的人群中，有49.3%的家庭月收入在4001~6000元之间，明显高于其他群体。这在一定程度上表明家庭月收入与本地居住时间的长短整体上呈现正相关。值得注意的是，在月收入高于1万元的群体中，在本地1年以内的流动人口比例也显著高于其他群体，表明该地产业基础较好，直接吸引了高技术人才或者企业主。

专业技术人员、商贩、建筑、其他生产运输设备操作人员及有关人员的流动人口中，近一半家庭月收入在4001~6000元之间，表现最为集中。

大多数雇主（75.5%）的家庭月收入在1万元以上，远高于雇员（1.1%）、自营劳动者（13.5%）、家庭帮工（12.5%），近八成雇员的家庭月收入在2001~6000元之间，处于4000元以下水平的比例中雇员的比例也明显高于其他省份。自营劳动者和家庭帮工分别有21.2%和37.5%的人家庭月收入能达到6001~9999元的水平。

案例二

广东省广州市人口倒挂地区流动人口调查数据分析报告

一、基本情况

广东省广州市本次检测总样本共1040个，且绝大部分流动人口携带子女和配偶外出。调查显示，在广州市白云区分布的样本有720个，占总样本的69.2%；在增城分布的样本有320个，仅占总样本的30.8%。携带配偶外出的样本有754个，占总样本的72.5%；携带子女外出的样本有723个，占总样本的69.5%；举家迁出样本为709个，占总样本的68.2%。

被调查流动人口以男性为主，有565人，比重占54.3%。从年龄来看，被调查流动人口以“70后”、“80后”为主。其中，“80后”最多，样本个数为410个，占总样本的39.4%；“70后”次之，样本个数335个，占32.2%；“90后”也开始出现。这部分人口中87.2%为农业户口，大部分完成了九年义务教育，55.8%为初中学历（见表1、表2）。

被调查流动人口中本次流动的68.9%为跨省流动，目前全部在本

表1 各年龄段人数及比重

年龄阶段	样本个数	占总样本比重（%）
1969年12月31日前	132	12.7
1970~1980年	335	32.2
1980~1990年	410	39.4
1990年1月1日后	163	15.7
总样本	1040	100

表2 被调查者受教育程度人数

受教育程度	未上过学	小学	初中	高中	中专	大学专科	大学本科	研究生	合计
样本数	5	139	580	175	79	42	20	0	1040
比例（%）	0.5	13.4	55.8	16.8	7.6	4.0	1.9	0.0	100.0

地居住，且67.3%领取了居住证。调查显示，被调查流动人口在本地居住时间大多不超过5年，其中在本地居住1年以下的人最多，占总样本的39.3%。但被调查流动人口绝大部分处于就业状态，占总样本的88.7%（见表3、表4）。

表3 被调查者在本地居住时间分析

居住时间	样本数	占比（%）
1年以下	409	39.3
1~5年	315	30.3
5~10年	219	21.1
10年以上	97	9.3
合　计	1040	100.0

表4 被调查者各种就业状态人数及比重

就业状况	样本数	样本比重（%）
就　业	922	88.7
务　农	19	1.8

续表

就业状况	样本数	样本比重（%）
失　业	9	0.9
无　业	10	1.0
操持家务	75	7.2
在　学	5	0.5
退　休	0	0.0
总样本	1597	100

二、就业状况

（一）职业

商业服务业是流动人口迁入本地后从事的主要工作。调查显示，被调查流动人口从事商业服务业的最多，有527人，占总样本的50.7%（见表5）。

表5　　被调查流动人口职业状况统计

职　业	样本数	占比（%）
国家机关党群组织企事业单位负责人	2	0.2
专业技术人员	53	5.1
公务员办事人员和有关人员	5	0.5
经商、商贩、餐饮、家政、保洁、保安、装修、其他商业服务业人员	527	50.7
农林牧渔水利业生产人员	17	1.6
生产、运输、建筑、其他生产运输设备操作人员及有关人员	326	31.3
无固定职业	1	0.1
其　他	11	1.1

续表

职　业	样本数	占比（%）
缺失项	99	9.5
合　计	1040	100.0

（二）单位性质

被调查流动人口以个体工商户和私营企业主为主。其中，个体工商户最多，样本数为380个，占总样本的36.5%；其次为私营企业（见表6）。

表6　　被调查流动人口单位性质统计

单位性质		样本数	占总样本的比重（%）	占有效样本的比重（%）
有效数据	土地承包者	3	0.3	0.3
	机关事业单位	5	0.5	0.5
	国有及国有控股企业	13	1.2	1.4
	集体企业	15	1.4	1.6
	个体工商户	380	36.5	40.4
	私营企业	341	32.8	36.2
	港澳台企业	45	4.3	4.8
	日韩企业	1	0.1	0.1
	欧美企业	1	0.1	0.1
	中外合资企业	24	2.3	2.6
	其　他	3	0.3	0.3
	无单位	110	10.6	11.7
	合　计	941	90.5	100.0
缺失项		99	9.5	
合　计		1040	100.0	

（三）就业身份

被调查流动人口就业身份多半为雇员。调查显示，被调查流动人口雇员占总样本的54.5%；自营劳动者的占比为27.9%；雇主占7.1%；家庭帮工占总样本的1.0%。

（四）住房情况

被调查流动人口的住房多半为租住私房。调查显示，有582个被调查者住房是租住私房，占总样本的比重为56.0%（见表7）。

表7　　被调查者住房状况

住房状况	样本数	占比（%）
租住单位雇主房	80	7.7
租住私房	582	56.0
政府提供廉租房	1	0.1
单位雇主提供免费住房	182	17.5
借住房	9	0.9
就业场所	131	12.6
自购房	42	4.0
自建房	2	0.2
其他非正规居所	11	1.1
合　计	1040	100.00

（五）职工医保

绝大多数被调查流动人口没有城镇职工医疗保险，共854位，占被调查人数的82.1%，有城镇职工医疗保险的占12.8%。另外，有5.1%不清楚是否享有职工医疗保险。

享有城镇职工医疗保险的比重与学历成正相关，即学历越高的人群，享有城镇医疗保险的比重越高。调查显示，大学本科和大学专科享有城镇职工医疗保险的比例分别为40.5%和55%，中专为24.1%，高中为17.1%；小学学历流动人口不能享有城镇职工医疗保险的比重最高，达87.1%。

就职于外资企业（欧美、日韩）的被调查人全部享有城镇职工医疗保险，在合资企业、机关事业单位、国有及国有控股企业就业的被调查人享有城镇职工医疗保险的比例分别为58.3%、60%和53.8%，在港澳台企业和集体企业就业的被调查人享有城镇职工医疗保险的比例为46.7%，在私营企业就业的被调查人享有城镇职工医疗保险的比例为19.4%，个体工商户仅为2.6%。

（六）医疗报销

调查显示，被调查流动人口中，付费时直接减免医疗报销的占总样本的6.7%；先付费后报销的方式占3.7%，对医疗报销不清楚的占2.4%。

三、生活与感受

（一）社区活动

大部分被调查流动人口没有参加过本地社会活动，参加过的活动以计划生育协会活动最多（见表8）。

表8　被调查者参加本地社会活动状况

社会活动状况	参加过		没参加过	
	样本数	占比（%）	样本数	占比（%）
社区文体活动	193	18.6	847	81.4
社会公益活动	177	17	863	83
计划生育协会活动	213	20.5	827	79.5
社区卫生、健康教育活动	228	21.9	812	78.1

（二）社交活动

被调查流动人口在业余时间与同乡联系最多。流动人口的社交活动仍然在其乡缘范围内，与同向联系最多的被调查人占总样本的60.8%，与其他外地人联系最多的被调查人占12.9%（见表9）。

表9　　业余时间与谁联系最多

社交来往情况	样本数	占比（%）
同乡户口在本地	115	11.1
同乡户口在老家	621	59.7
其他本地人	88	8.5
其他外地人	134	12.9
很少与人来往	82	7.9
合　计	1040	100.0

在本地居住时间越长，与当地人联系越多。随着流动人口在本地居住的时间越来越长，其与具有本地户口的同乡人的交往越多。而与户口在老家的同乡交往越少，与其他本地人和其他外地人的交往变多。

流动人口的社交网络与其现在的就业状态有关。失业状态下的被调查人“很少与人来往”的比例最高，达到11.1%；操持家务的人群与“同乡户口在老家”的人紧密交往的人的比例也最高，达到55.6%；无业人群与其他本地人紧密交往的比例为46.7%，也是与本地人交往最为密切的人群。

流动范围越大，与“同乡户口在老家”联系最多的比例越高。市内跨县流动人口与本地人来往最多的比例最高，占50%，说明由于流动范围小，生活习惯和语言接近，所以最易于交往；省内跨市流动和跨省流动人群与户口在老家的同乡来往最多的比例较高，分别占55.3%和63.6%，由于流动距离远，更加依赖乡缘人际网络。

就业身份不同，来往最多的人群也不同。家庭帮工与同乡来往最多的比例最高，达60%，其次分别是雇员和雇主，分别达到59.6%和56.8%；家庭帮工与其他本地人来往最多的比例最高，为55.6%；家庭帮工与本地人来往最多，为20%。

收入越高，与本地人来往紧密的比例就越高。调查显示，随着收入的增加（分3000元以下、3000~5000元、5000~10000元），与本地人来往较多的比例依次提高，分别为3.5%、6.6%、11.9%。

（三）幸福感

与老家相比，现在大多数人感觉幸福。调查显示，感觉很幸福和感觉幸福的人之和占总样本的71.5%（见表10）。

表10　与老家（流出地）相比幸福感状况

幸福感状况	样本数	占比（%）
很幸福	62	6.0
幸　福	381	36.6
一　般	553	53.2
不幸福	38	3.7
很不幸福	3	0.3
缺失值	3	0.3
合　计	1040	100.0

年长的流动人口比年轻的在本地的幸福感更强。“80后”感到很幸福的比例最高，为6.6%，而最低的是“60后”，为5.3%；“60后”感到幸福的比例最高为43.9%，“90后”的比例最低为28.8%。另一方面，认为很不幸福的比例很低，4.9%的“90后”感到不幸福，比例最高；3.8%的“60后”认为自己不幸福。认为现在“一般”的人群最多，包括47%的“60后”、48.7%的“70后”，56.3%的“80后”和59.5%的“90后”。

从以下几点可以看出，幸福感与学历高低没有关联。

被调查流动人口中，非农业户籍与农业户籍人口的幸福感差距不大。调查显示，农业人口中，感觉很幸福的比例达到42%，非农业人口的比例为46.2%。

就业、务农、操持家务和在学流动人口比无业和失业人口幸福感强。被调查流动人口中，在学的人感觉幸福的比例最高，为80%；其次是务农的人、操持家务和就业人口，分别为68.4%、45.3%、41.9%。

随着居住时间的延长，感觉幸福的比例提升。刚迁入本地的流动人口感觉一般的人比较多，占总样本的58.7%。在本地居住10年以上的流动人口感觉很幸福和幸福的比例分别达到4.1%和44.3%。

居住在其他非正规居所、自购房和自建房的流动人口的幸福感较高。

（四）对现居城市的看法

90%以上的被调查流动人口喜欢现在居住的城市，并在关注现在居住城市的变化，且愿意融入本地人中，并认为本地人愿意接受自己（见表11）。

表11　被调查者对现居住城市的感受情况　单位：%

对城市的感受	我喜欢我现在居住的城市	我关注我现在居住城市的变化	愿意融入本地人当中	本地人愿意接受我	本地人总看不起外地人
完全不同意	1.2	0.6	1.9	1.6	11.9
不同意	3.5	5.9	10	16.0	47.9
基本同意	67.5	63.6	57.9	60.3	32.7
完全同意	27.7	29.8	30	21.9	7.3

流动范围与喜欢现居住城市的程度呈反向相关，即流动范围越小，喜欢现居地的人口比例越高。

（五）迁户意愿

大部分人愿意把户口迁入本地。调查显示，愿意把户口迁入本地的被调查人口有510人，占总样本的49%；也有234个被调查人口不愿意迁户，占总样本的22.5%；还没想好的有296人，占28.5%。非农业户籍人口迁户的愿望更强烈，比例也最高，占70.5%，而农业户口“没想好”的比例很高。

（六）月收入

流动人口收入较低。从流动人口家庭收入情况来看，81.4%的家庭收入在2000~6000元之间，其中2000元以下的仅占16.3%，同时有7.8%的人家庭收入在1万元以上。

案例三

山东省人口倒挂地区流动人口调查数据分析报告

一、基本情况

山东省本次检测总样本共1597个，分布地区以青岛为主，也有一小部分分布在德州。其中，在青岛分布的样本有1557个，占总样本的97.5%；在德州分布的样本有40个，仅占总样本的2.5%。绝大部分流动人口携带子女和配偶外出。被调查流动人口携带配偶外出的样本有1282个，占总样本的80.3%；携带子女外出的样本有1105个，占总样本的69.2%。

被调查流动人口中88.6%为农业户口，且以女性为主。调查显示，被调查流动人口中女性占56.20%，高于男性12.4个百分点。从年龄上来说，以“70后”、“80后”为主。其中，“80后”最多，样本个数为699个，占总样本的43.77%；“70后”次之，样本个数569个，占35.63%；“90后”流动人口也开始出现，但他们大部分完成了九年义务教育，其中979人为初中教育程度，占总样本比重的61.30%（见表1、表2）。

表1　各年龄段人数及比重

年龄阶段	样本个数	占总样本比重（%）
1969年12月31日前	192	12.02
1970～1980年	569	35.63
1980～1990年	699	43.77
1990年1月1日后	137	8.58
总样本	1597	100

表2　被调查者及其亲属受教育程度人数

受教育程度	未上过学	小学	初中	高中	中专	大学专科	大学本科	研究生	缺失项	合计
样本数	13	134	979	219	123	96	32	1	0	1597
占比（%）	0.8	8.4	61.3	13.7	7.7	6.0	2.0	0.1	0.0	100.0

本次被调查流动人口的流动范围以省内跨市流动为主，占总样本数的66.2%。无论从哪里迁入，目前他们全部在本地居住，且有1333人领取了暂住证，占总样本的83.5%。被调查流动人口在本地的居住时间大多不超过5年。其中，在本地居住1～5年的人最多，占总样本的59.5%。虽然大多在本地居住时间较短，但绝大部分被调查流动人口处于就业状态，占总样本的82.4%（见表3、表4）。

表3　被调查者在本地居住时间分析

居住时间	样本数	占比（%）
1年以下	311	19.5
1～5年	950	59.5
5～10年	201	12.6
10年以上	135	8.4
合　计	1597	100.0

表4　　被调查者各种就业状况人数及比重

就业状况	样本数	占总样本比重（%）
就　业	1316	82.4
务　农	20	1.3
失　业	36	2.3
无　业	72	4.5
操持家务	141	8.8
在　学	11	0.7
退　休	1	0.1
总样本	1597	100

二、就业状况

（一）职业

商业服务业是流动人口迁入本地后从事的主要工作。调查显示，被调查流动人口中从事商业服务业的最多，有661人，占总样本的41.5%（见表5）。

表5　　被调查流动人口职业状况统计

职　业	样本数	占比（%）
国家机关党群组织企事业单位负责人	5	0.3
专业技术人员	102	6.4
公务员办事人员和有关人员	11	0.7
经商、商贩、餐饮、家政、保洁、保安、装修、其他商业服务业人员	661	41.5
农林牧渔水利业生产人员	44	2.8
生产、运输、建筑、其他生产运输设备操作人员及有关人员	457	28.7

续表

职　业	样本数	占比（%）
无固定职业	9	0.6
其　他	9	0.6
缺失项	261	16.3
合　计	1597	100.0

（二）单位性质

被调查流动人口以个体工商户和私营企业主为主。其中，个体工商户最多，样本数为524个，占总样本的32.8%；其次为私营企业（见表6）。

表6　被调查流动人口单位性质统计

单位性质		样本数	占总样本的比重（%）	占有效样本的比重（%）
有效数据	土地承包者	7	0.4	0.5
	机关事业单位	19	1.2	1.4
	国有及国有控股企业	64	4.0	4.8
	集体企业	16	1.0	1.2
	个体工商户	524	32.8	39.2
	私营企业	354	22.2	26.5
	港澳台企业	5	0.3	0.4
	日韩企业	162	10.1	12.1
	欧美企业	6	0.4	0.4
	中外合资企业	56	3.5	4.2
	其　他	2	0.1	0.1
	无单位	121	7.6	9.1
	合　计	1336	83.7	100.0
缺失项		261	16.3	
合　计		1597	100.0	

（三）就业身份

被调查流动人口就业身份多半为雇员。调查显示，被调查流动人口中雇员占总样本的51.8%；自营劳动者占比为24.5%；雇主占6.8%；家庭帮工占总样本的0.6%。

年轻流动人口从事雇员的比例较高，以“80后”、“90后”为主。调查显示，“90后”作为雇员身份的流动人口比重占94.92%，“80后”占68.41%。1969年12月31日前出生的流动人口做雇主和自营劳动者的比例分别为13.33%和33.33%；“70后”做雇主和自营劳动者的比例分别为11.04%和33.33%。1969年以前出生的流动人口从事家庭帮工的比重占1.21%。

学历越高，作为雇员身份的比例越高。调查显示，中专及以上学历的流动人口作为雇员身份的比例均在70%以上。雇主身份最高的为高中学历的人口，占高中学历人口的13.56%。学历越高，做自营劳动者的流动人口比重越低。

农业户口和非农业户口流动人口就业身份相差不大。调查显示，农业户口中，作为雇员的流动人口占61.71%，略低于非农业人口的63.64%；农业人口中作为雇主的流动人口占7.89%，略低于非农业人口的10.61%；农业人口作为自营劳动者的比重为29.82%，略高于非农业人口的24.24%；农业人口中做家庭帮工的比重为0.58%，低于非农业人口的1.51%。

就业流动人口作为雇员和家庭帮工的比例低于务农流动人口，作为雇主和自营劳动者的比例高于务农流动人口。调查显示，就业流动人口中，就业身份为雇员的比重为61.63%，明显低于务农流动人口的80%；家庭帮工比重为0.6%，也低于务农流动人口的5%。就业流动人口中，做雇主的比例为8.21%，自营劳动者为29.56%，均高于务农流动人口。

省内跨市流动的人口作为雇员的比例略高于跨省流动和市内跨县流动。调查显示，省内跨市流动人口中，雇员身份的流动人口占65.51%，而跨省流动和市内跨县流动的人口中雇员身份的比重分别为54.2%和55.63%；跨省流动人口作为雇主的比例较高，为10.14%；跨省流动人口和市内跨县流动人口作为自营劳动者的比重分别为34.96%和34.38%；市内跨县流动人口做家庭帮工的比重为1.24%。

在本地居住时间越长，从事雇员身份的比重越小，作为雇主的比重越高。调查显示，在本地居住1年以下、1~5年、5~10年、10年以上的流动人口中雇员身份的比重分别为82.68%、61.31%、46.93%、42.06%。反之，四个阶段雇主身份的流动人口比重分别为2.36%、8.04%、11.17%和17.76%。

（四）住房情况

被调查流动人口住房多半为租住私房。调查显示，有1074个被调查者住房是租住私房，占总样本的67.3%（见表7）。

表7 被调查者住房状况

住房状况	样本数	占比（%）
租住单位雇主房	66	4.10
租住私房	1074	67.30
单位雇主提供免费住房	122	7.60
借住房	6	0.40
就业场所	69	4.30
自购房	257	16.10
自建房	3	0.20
合 计	1597	100.00

被调查人口的年龄越小，越倾向于租住单位雇主房或单位雇主提供的免费住房；年龄越大，越倾向于自购房。调查显示；“90后”租住单位雇主房和单位雇主提供的免费住房的比重较高，分别为16.06%和28.47%；“80后”租住私房的比重较其他年龄阶段要高，比重达72.82%；1970年以前出生的流动人口和“70后”流动人口在被调查者中自购房的比例较高，分别为21.88%和20.92%。

学历越高，进行自购房的被调查人员越多。调查显示，租住单位雇主房的比例最高的是中专学历流动人口，占中专流动人口的7.32%；租住私房的比例最高的是小学学历人口，占小学流动人口的73.13%；住单位雇主提供免费住房的比例最高的是未上过学的流动人口，达到23.08%；自购房比例基本与学历成正比，比例最高的是研究生和本科生，分别为100%和65.63%。

非农业流动人口自购房比例较高，农业流动人口中租住私房和单位雇主提供免费住房的比例较高。调查显示，非农业人口中的42.31%住房为自购房，远高于农业人口的12.72%；农业流动人口中租住私房的比例为69.12%，高于非农业人口的52.75%；农业流动人口住房为单位雇主提供免费住房的比例为8.41%，高于非农业人口的1.65%；农业流动人口租住单位雇主房的比例为4.52%，高于非农业人口。

务农的被调查人口均为租住房或借住房，退休的均为自购房。调查显示，租住单位雇主房比例最高的是务农流动人口，比例为10%；租住私房比例最高的是务农人口，比例为85%；单位雇主提供免费住房比例最高的是就业人口，达9.19%，另外有0.71%操持家务的流动人口也被雇主提供免费住房。

省内跨市流动人口中，租住单位雇主房、租住私房、单位雇主提供免费住房的比例较高，分别为4.92%、68.4%和8.42%，均高于跨省流动和市内跨县流动。市内跨县流动人口中自购房和自建房比例较高，分别为23.98%和0.51%。

在本地居住时间越长，租住单位雇主房和单位雇主提供免费住房的比重越低，自购房比重越高。1年以下流动人口中有8.04%为租住单位雇主房，16.4%为单位雇主提供免费住房，6.43%自购房；在本地居住1~5年的，3.89%租住单位雇主房，6.74%单位雇主提供免费住房，14.95%自购房；在本地居住5~10年的，1.49%租住单位雇主房，2.99%单位雇主提供免费住房，19.9%自购房；在本地居住10年以上的，仅有0.74%租住单位雇主房，0.74%单位雇主提供免费住房，自购房比例达40.74%。租住私房比例最大的是在本地居住1~5年的流动人口。

国家机关的被调查人员均为自购房；专业技术人员、商业服务业人员、生产运输人员以租住私房为主。调查显示，无固定职业和从事商业服务业的流动人口租住私房的较多，比例分别达到77.8%和71%；从事农林牧副渔业的流动人口雇佣单位提供的住房较多，达到88.6%；自购房比例高的职业是国家机关党群组织企事业单位负责人和公务员办事人员和有关人员，自购房比例分别为100%和63.6%。

自营劳动者租住私房的比例较高，家庭帮工自购房的比例较高。调查显示，自营劳动者租住私房和在就业场所居住的比例分别为73.91%和13.04%；家庭帮工租住单位雇主房的比例较高，占11.11%；14.63%的雇员有单位雇主提供的免费住房；家庭帮工自购房比例占33.33%。

（五）职工医保

绝大部分被调查流动人口在本地不能享有城镇职工医疗保险。调查显示，在本地享有医疗保险的被调查者占总样本的26.7%，不享有医疗保险的占70.7%。另外，有2.6%的被调查者不清楚是否享有职工医疗保险。

年轻流动人口享受职工医疗保险的比重较高。调查显示，“80后”流动人口享受城镇职工医疗保险的比重最高，为28.33%；1969年12月31日前出生的流动人口不能享受和不清楚城镇职工医疗保险的比例最高，分别达75.52%和4.17%。

享有城镇职工医疗保险的比重与学历成正比，未上过学的被调查流动人口对城镇职工医疗保险了解相对较少。调查显示，研究生享有城镇职工医疗保险的比重最高，为100%；本科次之，为84.38%；专科为55.21%。小学学历流动人口不能享有城镇职工医疗保险的比重最高，达85.07%，未上过学的次之。

被调查流动人口中，非农业人口中享有城镇职工医疗保险的比重远高于农业人口。调查显示，非农业人口中有41.21%享有城镇职工医疗保险，有2.69%农业人口不清楚是否享有城镇职工医疗保险。

流动距离越近，享有城镇职工医疗保险的比重越高。调查显示，市内跨县流动人口享有城镇职工医疗保险的比重最高，为33.67%；省内跨市流动次之，比重为27.44%；跨省流动人口享有城镇职工医疗保险的比重最低，为20.64%。

在当地居住时间越长，享有城镇职工医疗保险的比重越高。调查显示，在本地居住10年以上的被调查流动人口享有城镇职工医疗保险的比重最高，为31.85%；在本地居住1年以内的流动人口没有享有城镇职工医疗保险的比重最高，达78.14%。

国企和机关事业单位享有城镇职工医疗保险的比重最高，个体工商户、土地承包者和无单位者最低。国有及其控股企业享有城镇职工医疗保险的比重最高，达90.63%。除无单位和其他性质单位外，个体工商户没有享有城镇职工医疗保险的比重最高，为84.73%。港澳台企业中不清楚是否享有城镇职工医疗保险的比重最高，为20%。

（六）医疗报销

医疗报销以先付费后报销居多。调查显示，被调查流动人口中，用先付费后报销的方式进行医疗报销的占总样本的11.1%；付费时直接减免的比重略低于先付费后报销，为10.3%，不清楚者占73.3%。

三、生活与感受

（一）社区活动

大部分被调查流动人口没有参加过本地社会活动，参加过的活动以计划生育协会活动最多。调查显示，被调查流动人口中，参加过本地社会活动的人数不足30%（见表8）。

表8　　被调查者参加本地社会活动状况

参加社会活动状况	参加过		没参加过	
	样本数	占比（%）	样本数	占比（%）
社区文体活动	357	22.38	1238	77.62
社会公益活动	323	20.25	1272	79.75
计划生育协会活动	476	29.84	1119	70.16
社区卫生、健康教育活动	462	28.97	1133	71.03

社区文体活动和社区卫生、健康教育活动以“90后”为主，社会公益活动、计划生育协会活动以“70后”为主。调查显示，“90后”被调查流动人口参加社区文体活动和社区卫生、健康教育活动的比重

最高，分别为43.07%和34.31%；“70后”被调查人口参加社会公益活动和计划生育协会活动的比例最高，分别为24.43%和33.92%。

被调查流动人口中，高学历的人口参加社会活动的也较多。调查显示，大学本科学历的流动人口参加社区文体活动、社会公益活动、计划生育活动和社区卫生、健康教育活动的比重都是最高的，比重分别为56.25%、50%、53.13%、53.13%。

被调查流动人口中，非农业人口参加各项社会活动的比重都高于农业人口。非农业流动人口参加社区文体活动、社会公益活动、计划生育协会活动和社区卫生、健康教育活动的比重分别为39.01%、37.91%、32.97%和39.01%，都高于农业流动人口。

不同婚姻状况的人群参加的社会活动类型有所不同。调查显示，未婚人口参加社区文体活动的比重最大，为38.83%；再婚人口参加社会公益活动的比重最大，为32.14%；丧偶人口参加计划生育协会活动和社区卫生、健康教育活动的比重最高，都是50%；再婚人口参加计划生育协会活动的比重也较大，为39.9%；未婚人口中参加社区卫生、健康教育活动的人口比重也较高，为30.1%。

不同就业状态的人群由于时间自由度和关注点不同，参加的社会活动也不同。被调查流动人口中，在学人口参加社区文体活动和社区公益活动的比例最高，分别达到81.82%和36.36%，其他就业状态人员参加社区文体活动和社会公益活动的比重都没超过30%；务农人口参加计划生育和社区卫生、健康教育活动的比重最高，都达到75%；退休人员中没有人参加本地社会活动。

随着流动距离的增加，参加社区文体活动、计划生育协会活动以及社区卫生、健康教育活动的比重降低，而参加社会公益活动的人口比重则随之增加。市内跨县流动人口参加社区文体活动的比例最高，为

31.12%；跨省流动人口参加社会公益活动的比例最高，为20.93%。

随着在本地居住时间的增加，参加社会活动的比例也有所增加，并趋向均衡。在本地居住1年以内的流动人口参加社会公益活动的比例最低，仅为11.9%；在本地居住1～5年的流动人口参加各项社会活动的比例较高，其中参加计划生育协会活动的比例高达33.68%；在本地居住5～10年的流动人口参加计划生育协会活动的比重也较高，为32.34%；在本地居住10年以上的流动人口参加各类社会活动的比例基本都在25%左右。

国家机关党群组织企事业单位负责人参加各项社会活动的比例高于其他职业，均达到60%以上；公务员办事人员和有关人员参加社区文体活动的比例为45.45%；其他职业人员参加社区活动的比例基本保持在20%左右。

雇员参加社区卫生、健康教育活动的比重最高，家庭帮工参加其他活动的比重均较高。调查显示，雇员参加社区卫生、健康教育活动的比重达到92.09%；家庭帮工参加社区文体活动、社会公益活动和计划生育协会活动的比重分别达到了33.33%、33.33%、77.78%。

自购房人口参加各类社会活动的比重较均衡，其他住房状态则参加不同活动的差别较大。调查显示，自购房的流动人口参加各类社会活动的比重都在37%～39%之间；租住单位雇主房和自购房的流动人口参加社区文体活动的比重较高，分别为39.39%和37.35%；自购房的流动人口参加社会公益活动的比重最高，为38.52%。

被调查者中高收入人口参加社会活动的比重最高。调查显示，有53.03%的高收入流动人口参加计划生育协会活动；参加社区卫生、健康教育活动的人口次之，比重为45.45%；参加社会公益活动和社区文体活动的人口比重为40.91%和39.39%，均高于其他收入阶层。

（二）社交活动

被调查流动人口在业余时间与同乡联系最多，特别是户口在老家的同乡，占总样本的36.6%（见表9）。

表9　业余时间与谁联系最多

社交来往情况	样本数	占总样本的比重（%）
无效数据	2	0.1
同乡户口在本地	221	13.8
同乡户口在老家	585	36.6
其他本地人	481	30.1
其他外地人	129	8.1
很少与人来往	179	11.2
合　计	1597	100.0

随着年龄的增长，与同乡联系最多的比例越少，与其他人联系较多的比例增加。被调查者中，过半的“90后”在业余时间与户口在老家的同乡联系最多；“80后”与户口在本地的人联系多的比例最高，占16%；“70后”与本地其他人联系最多的比例最高，占33.9%；1989年12越31日前出生的人口与其他外地人联系最多的比例和很少与人来往的比例都高于其他年龄阶段，分别为12%和14.6%。

学历低的流动人口与同乡联系最多的比例较高。调查显示，初中学历人口与同乡联系最多的比例最高，为54.3%，其中与户口在老家的同乡联系最多的比例就占到41.5%。大学本科学历者与其他本地人联系最多的比例最高，占65.6%。

农业人口与同乡联系最多的比例高于非农业人口，但非农业人口与户口在本地的同乡联系最多的比例较高。调查显示，农业人口与同乡联系最多的比例占51.9%，非农业人口为39.6%；非农业人口与户口在本地的同乡联系最多的比例为18.7%，高于农业人口。非农业人口与其他本地人联系最多的比例较高，达45.1%。

不同婚姻状态的流动人口平时联系最多的人群也不同。被调查者中，再婚人口与同乡联系最多的比例最高，达57.2%；离婚人口与其他本地人联系最多的比例最高，为42.9%。

不同就业状态在平时联系最多的人群也呈现一定差别。操持家务的被调查者与户口在本地的同乡联系最多的比例最高，占28.4%；务农人口与户口在老家的同乡联系最多的比例最高，达到70%；退休和在学人员与其他本地人联系最多的比例较高，分别为100%和90.9%；就业人口与其他外地人联系最多的比例最高，为8.9%；无业人员和务农人员很少与人来往的比例较高，分比为15.3%和15%。

流动范围越大，与同乡联系最多的比例越高。调查显示，市内跨县流动人口与户口在本地的同乡来往最多的比例最高，占26.5%；省内跨市和跨省流动人口与户口在老家的同乡来往最多的比例较高，分别占39.1%和38.4%

在本地居住时间越长的人，与同乡联系最多的比例越小，与其他本地人联系最多的比例越大。调查显示，在本地居住10年以上的被调查人口中，与同乡联系最多的比例为36.3%，而在本地居住1年以内的被调查者与同乡联系最多的比例占66.8%。

农林牧渔水利业生产人员与同乡联系最多的比例最高，从事公务性质的流动人口与同乡联系最多的比例较低。调查显示，农林牧渔水利业生产人员户口在老家的同乡联系最多的比例最高，达77.3%；从事其他生产行业的流动人口与同乡联系最多的比例也较高，占55.8%；国家机关党群组织企事业单位负责人、公务员办事人员和有关人员与其他本地人来往最多的比例较高；从事商业服务业的人口很少与人来往的比例最高。

就业身份不同，来往最多的人群也不同。雇员与同乡来往最多的比例最高，达53.5%；家庭帮工与其他本地人来往最多的比例最高，为55.6%；自营劳动者与其他外地人来往最多的比例和很少与人来往的比例都最高，分别是10%和17.4%。

住房状态在一定程度上影响流动人口的交往人群。租住单位雇主房的人口与同乡联系最多的比例最高，占69.7%；自建房和自购房人口与其他本地人联系最多的比例较高，分别为100%和52.9%；单位雇主提供免费住房的人口与其他外地人联系最多的比例最高，为18.9%；在就业场所居住的人口很少与人来往的比例最高，达24.6%。

低收入人口与同乡联系最多的比例较高，高收入人口与其他本地人联系最多的比例较高。调查显示，较低收入中54%和低收入中52.2%的人口与同乡联系最多；近一半的高收入人口与其他本地人联系最多；低收入人口很少与人来往的比例也很高，占20.3%。

（三）幸福感

与老家相比，现在大多数人感觉幸福。调查显示，感觉很幸福和感觉幸福的人之和占总样本的71.5%（见表10）。

表10　与老家（流出地）相比幸福感状况

幸福感状况	样本数	占比（%）
很幸福	395	24.7
幸　福	747	46.8
一　般	439	27.5
不幸福	14	0.9
很不幸福	1	0.1
合　计	1596	100.0

年长的流动人口比年轻的在本地的幸福感更强。调查显示，1969

年12月31日前出生的人感觉很幸福和幸福的比例最高，为75.53%，“70后”、“80后”和“90后”流动人口感觉很幸福和幸福的比例依次降低，分别为75.04%、69.82%和59.86%。

幸福感与学历高低关系不大。初中学历人口感觉很幸福的比例最低，仅20.33%，较高学历和未上过学的流动人口感觉很幸福的比例则相对较高，其中，研究生学历感觉很幸福的比例为100%，大学本科为50%。

被调查流动人口中，非农业人口的幸福感高于农业人口。调查显示，非农业人口中，感觉很幸福的比例达到51.1%，远高于农业人口。

再婚的被调查人口的幸福感更强。再婚人口感觉很幸福和幸福的比重为89.28%；半数以上离婚的人口感觉一般；有1.94%的未婚人口和0.74%的初婚人口感觉不幸福，0.07%的初婚人口感觉很不幸福。

有事情可做的流动人口比物业和事业人口的幸福感强。被调查流动人口中，操持家务的人感觉很幸福的比例最高，为31.21%；退休人口感觉都很幸福，务农人口感觉幸福的比例也较高，为80%；在学、失业和操持家务的流动人口感觉幸福的比重也超过了50%；失业人口中，感觉一般的比例最高，为33.33%，感觉不幸福的比例为1.39%。

短距离流动的人口的幸福感更强。市内跨县流动的人口感觉很幸福和幸福的比重都最高，分别为28.06%和53.06%。跨省流动的人口感觉一般的比重最大，为31.1%。市内跨县人口感觉不幸福的比例也最高，为1.02%。另外，有0.09%的省内跨市人口感觉很不幸福。

随着居住时间的延长，幸福感的比例提升。刚迁入本地的流动人口感觉一般的人比较多，占总样本的41.48%；在本地居住10年以上的流动人口感觉很幸福和幸福的比例分别达到28.89%和52.59%。

国家机关党群组织企事业单位负责人与公务员办事人员和有关人员的幸福感最强。调查显示，公务员办事人员和有关人员感觉很幸福的比例最高，为63.64%；国家机关党群组织企事业单位负责人感觉很幸福和幸福的比例之和达到100%。

家庭帮工的幸福感最强。调查显示，家庭帮工感觉幸福和很幸福的比例共达到88.89%。有1.02%的自营劳动者和0.97%的雇员感觉不幸福，0.26%的自营劳动者感觉很不幸福。

自购房的流动人口的幸福感较高。调查显示，感觉很幸福的自购房人口占38.13%，感觉幸福的占51.36%。感觉幸福的流动人口中，比重过半的还有自建房者和租住单位雇主房子的，分别占100%和50%。租住单位雇主房的流动人口感觉不幸福的比例最高，为3.03%。

与老家相比，各收入阶层大部分人都感觉幸福，其中高收入者在本地的幸福感更强。各收入阶层感觉幸福和很幸福的比例之和均在50%以上，其中高收入者感觉很幸福的比重就达到56.1%。

（四）对现居城市的看法

90%以上的被调查流动人口喜欢现在居住的城市，并关注现在居住城市的变化，且愿意融入本地人中，并认为本地人愿意接受自己。调查显示，基本上全部人都喜欢现在居住的城市，非常喜欢现在居住城市的人口比例达到59%。关注现在居住城市变化的人口占96%，愿意融入本地人当中的人口占93.6%，认为本地人愿意接受自己的比例占92.1%，大多数人认为不存在本地人看不起外地人的现象（见表11）。

表 11　　被调查者对现居住城市的感受情况　　单位:%

对城市的感受	我喜欢我现在居住的城市	我关注我现在居住城市的变化	愿意融入本地人当中	本地人愿意接受我	本地人总看不起外地人
完全不同意	0.6	0.4	0.4	0.8	27.2
不同意	1.0	3.6	6.0	7.1	49.6
基本同意	39.4	43.2	37.3	47.0	19.1
完全同意	59.0	52.8	56.3	45.1	4.1
合　计	100.0	100.0	100.0	100.0	100.0

年龄越大，越喜欢现居住城市。调查显示，1969 年 12 月 31 日前出生的被调查流动人口中，64.1% 的人非常肯定自己喜欢现居住城市，“70 后”非常肯定的比例为 63.4%，“80 后”为 58.1%，“90 后”为 38.7%。“90 后”认为自己基本喜欢这个城市的比例最高，占 54%。各年龄阶段认为自己不喜欢这个城市的人口比例都比较低。

非农业人口对现居城市的喜欢程度高于农业人口。被调查者中，非农业人口非常肯定自己喜欢现居住城市的比重为 73.6%，远高于农业人口；而农业人口认为自己基本喜欢现居住城市的比重则高于非农业人口。

流动范围越小，非常肯定自己喜欢现居住城市的比例越高。市内跨县流动的被调查流动人口非常肯定的比例最高，占 64.8%，其次为省内跨市和跨省流动，比重依次减小；跨省流动人口基本同意自己喜欢现居住城市的比例最高，为 41.3%。省内跨市流动人口认为自己不喜欢现居住城市的比例高于其他两个流动范围。

居住时间越久，完全同意自己喜欢现居住城市的比例越高。调查显示，在本地居住 10 年以上的流动人口完全同意自己喜欢现居住城市的比例最高，为 67.41%；其次分别为居住 5 ~ 10 年、1 ~ 5 年的；1 年以内的完全同意该说法的比重最低，仅为 39.23%。但基本同意自己喜欢现居城市的比例最高，为 56.91%；认为自己不喜欢现居城市的比重也最高，比例合计达 3.86%。

年龄越大，关注现居城市变化的比重越大。调查显示，1969 年 12 月 31 日前出生的流动人口中 98.4% 的人关注现居住城市的变化，“70 后”关注现居住城市变化的比重为 96.5%，“80 后”为 96.4%，“90 后”最低，为 86.9%。

被调查流动人员中，非农业人口关注现居住城市变化的比重高于农业人口。调查显示，非农业人口关注现居住城市变化的比例为 99.4%，其中完全同意自己关注现居住城市变化的占 70.3%，高于农业人口将近 20 个百分点。

关注现居住城市变化的人口比例随流动范围扩大而减小。市内跨县流动的人口关注现居住城市变化的比重最高，达 99%；跨省流动人口关注的比例最小，为 94.8%。省内跨市流动人口完全同意自己关注现居住城市变化的比例最高，为 55%。

在本地居住时间越长，越关注居住城市的变化。调查显示，在本地居住 10 年以上的流动人口中，97.77% 的人会关注现居住城市的变化；而在本地居住 1 年以内的流动人口，则只有 90.99% 的人关注居住城市的变化。

“70 后”被调查流动人口最愿意融入本地人之中。调查显示，“70 后”愿意融入本地人中的比例达到 96%，其中非常肯定自己愿意的比例就占 62.4%，也高于其他年龄组人口。“90 后”流动人口不愿意融入本地人之中的比例最高，达 21.1%。

非农户口的被调查流动人口比农业人口更愿意融入本地人当中，比例达 97.8%，而农业人口为 93%。

流动范围小的流动人口更愿意融入本地人当中。调查显示，市内跨县流动人口愿意融入本地人当中的比例最高，达98%，由于距离较近，生活习惯相似性较高，也更容易融入本地人当中。而跨省流动人口的生活习惯改变相对较大，不愿意融入本地人当中的比例也较高，占8.2%。

在本地居住时间久的流动人口更愿意融入本地人当中。调查显示，在本地居住10年以上的流动人口愿意融入本地人当中的比例最高，达97%；其次为在本地居住1~5年的，占95.2%；在本地居住1年以内的人，愿意融入本地人当中的比例最低，为85.9%。

不同年代出生的人感觉本地人愿意接受自己的程度也不同。“70后”和“80后”人口觉得本地人愿意接受自己的比例最大，占93.7%；“90后”人口觉得本地人不愿意接受自己的比例最大，占24.1%，表现出“90后”初入社会的不自信。

非农业人口觉得本地人愿意接受自己的比例高于农业人口。调查显示，非农业人口认为本地人愿意接受自己的比例为96.7%，高于农业人口。

流动范围越小，觉得本地人愿意接受自己的比例越高。市内跨县人口认为本地人愿意接受自己的比例占96.9%；其次为省内跨市人口，占91.6%；跨省流动人口比例最低，为90.6%。

在本地居住时间越久，觉得本地人愿意接受自己的比例越高。调查显示，在本地居住10年以上的流动人口，96.3%的人认为本地人愿意接受自己，比例最高；其次为居住5~10年的；居住1年以下的人认为本地人愿意接受自己的比例最低。

“70后”认为本地人看不起外地人的比例最高，1970年以前出生的人同意此看法的比例最低。调查显示，1969年12月31日前出生的流动人口认为本地人看不起外地人的比例最低，占19.8%；其次为“80后”，占21.2%。“70后”认为本地人看不起外地人的比例最高，占25.9%。

被调查者中，农业人口和非农业人口认为本地人看不起外地人的比例基本相当。农业人口同意和完全同意此种说法的人占22.9%，非农业人口占25.2%，相差不大。

流动范围越大，感觉本地人看不起外地人的人口比例越高。被调查流动人口中，跨省流动者感觉本地人看不起外地人的比例占28.8%；其次为省内跨市人口，占22.4%；市内跨县人口认为本地人看不起外地人的比例最低，为17.3%。

在本地居住时间的长短与认为本地人看不起外地人的观念没有明显关联。在本地居住5～10年的被调查者认为本地人看不起外地人的比例最高，为29.9%；其次为居住10年以上的，占23.7%；在本地居住1～5年的流动人口同意这一说法的比例最低，占21.8%。

（五）迁户意愿

大部分人愿意把户口迁入本地。调查显示，愿意把户口迁入本地的被调查人口有949人，占总样本的59.4%；也有319个被调查人口不愿意迁户，占总样本的20%。

年龄不同，社会经历不同，迁户意愿也不同。“70后”愿意把户口迁入本地的比例最高，占63.1%；其次为1969年12月31日前出生的人口。“90后”不愿意把户口迁入本地或没想好的比例最高，分别占“90后”人口的24.8%和32.1%。

高学历人口愿意把户口迁入本地的比例较高。被调查者中唯一的研究生、90.6%的本科生、70.8%的专科生和71.5%的中专生流动人口都愿意把户口迁入本地。小学学历人口不愿意迁户的比例最高，占23.9%，初中学历人口不愿意迁户的人也很多。

非农业人口愿意把户口迁入本地的比例高于农业人口。调查显示，83%的非农业人口愿意迁户，而农业人口愿意迁户的只有56.4%。

已婚人口比未婚人口愿意把户口迁入本地。调查显示，再婚人口愿意迁户的人口比例最高，占78.6%；其次为丧偶人口。未婚人口和离婚人口愿意迁户的比例相对较低，其中未婚人口中有24.6%不愿意迁户，29.1%没有想好。

为避免用户口办手续等一些麻烦，流动范围越大，愿意迁户的比例越高。跨省流动人口中62.8%愿意把户口迁入本地，省内跨市的有59.1%愿意，市内跨县的有55.1%愿意。

没有持证的人的稳定性相对更差。持证的人中愿意将户口迁入本地的比例为61.1%，略高于没有持证的人（50.0%）；而没有持证的人中有30.9%的人不愿意将户口迁入本地，明显高于持证的人的比例（18.0%）。

在本地居住时间长的流动人口，愿意把户口迁入本地的比例较高。调查显示，在本地居住10年以上的人口愿意把户口迁入本地的比例最高，为66.67%；其次为在本地居住1～5年的。在本地居住1年以内的流动人口不愿意迁户的比例最高，为22.19%。

国家机关、公务人员和技术人员更愿意迁户。除从事其他职业的人员以外，国家机关党群组织企事业单位负责人愿意把户口迁入本地的比例最高，达80%，但人数较少；其次为专业技术人员，比例为79.4%。农林牧渔水利业生产人员不愿意迁户的比例最高，达到77.3%；从事生产和服务行业的被调查流动人口不愿意迁户的比例在20%左右。

相对其他身份，雇主最清楚自己是否愿意迁户。调查显示，愿意迁户的雇主占66.1%，高于其他身份。家庭帮工不愿意迁户的比重最高，占44.4%。

拥有住房的人口更愿意把户口迁入本地。自建房被调查者都愿意把户口迁入本地，自购房愿意迁户的比例也较高，为74.3%。单位雇主提供免费住房的人口不愿意迁户的人口比例最高，为41%。

收入越高，愿意把户口迁入本地的人口比例越高。调查显示，高收入者中有77.3%愿意迁户，较高收入、中等收入、较低收入、低收入人口愿意迁户的比例依次减小，低收入者愿意迁户的比例只有44.9%。

（六）月收入

流动人口收入较低。调查显示，被调查人口中，月收入处于中等收入以下的人口占半数以上，其中处于较低收入的人口比例最高，占47.1%；其次为中等收入人口，占32.6%；高收入人口最少，仅66人，占总样本的4.1%。

处于壮年期的流动人口收入较高。调查显示，1990年以前出生的人口各收入阶层比例基本相当，“90后”人口中低收入和较低收入的占比较高，分别达到32.8%和55.5%；“70后”人口中4001元以上各等级收入人口比例最高，分别为36.2%、8.6%、4.9%，均高于其他年龄段的人口。

较高学历人口收入普遍偏高。调查显示，高收入人口比例最高的是大学本科人口，占12.5%；其次为大学专科人口；调查者中唯一一个研究生收入处于中等水平，中等收入的其他学历人口比例基本在30%左右；未上过学的人口中，低收入人口比例最高，占23.1%。

非农业人口收入高于农业人口。调查显示，被调查流动人口中，非农业人口高收入及较高收入人口比例分别为14.8%和10.4%，高于农业人口；农业人口低收入、较低收入和中等收入的比例都高于非农业人口。

跨省流动的人口中，高收入者比例较高，低收入者比例则较低。调查显示，跨省流动者高收入的比例占5.5%，高于其他两个范围的流动人口；市内跨县流动人口处于低收入和较低收入的人口比重最高，分别为9.7%和50%。

在本地居住1~5年的人口收入较高。调查显示，在本地居住1年以内的人口低收入比例较高，为16.1%；在本地居住不同时间的人口较低收入的比例相差不大；居住10年以上的人口中等收入比例最高，为37%；在本地居住5~10年的人口较高收入的比例最高，为9%；在本地居住1~5年的人口高收入的比例最高，为5.3%。

工作性质决定工作收入。国家机关党群组织企事业单位负责人收入普遍较高，都在中等收入及以上；公务员办事人员和有关人员收入也较高，处于较低收入的人口仅9.1%；其次为其他职业人员、专业技术人员。无固定职业者收入最低，其中22.2%处于低收入阶层，66.7%处于较低收入阶层；从事生产类职业和商业服务业的人口中低收入和较低收入比例也较高。

雇主和自营劳动者收入高于雇员。调查显示，雇主收入最高，其中高收入者占11%，较高收入者占16.5%；其次为自营劳动者；雇员收入最低，其中低收入者占10.9%，较低收入者占49.2%。

参考文献

References

[1] Dahrendorf, Ralf. Out of Utopia: Toward a Reorientation ofSociology Analysis, American Journal of Sociology, 1958, 64 (2): 115 ~ 127.

[2] Coser, Lewis. The Function of Conflict. London: Free Press, 1956.

[3] Gurr, Ted R. Why Men Rebel. Princeton: Princeton UniversityPress, 1970.

[4] 陈慧君，王树民．治理背景下流动人口聚居区管理的转型．理论导刊，2012 - 3 - 10

[5] 陈潭，黄金．群体性事件多种原因的理论阐释．政治学研究，2009（6）

[6] 国务院发展研究中心课题组．“十二五”时期推进农民工市民化的政策要点．发展研究，2011（6）

[7] 国务院发展研究中心课题组．农民工市民化进程的总体态势与战略取向．改革，2011（5）

[8] 金三林．农民工现状特点及意愿诉求——基于对 7 省市农民工的调查研究．经济研究参考，2011（58）

[9] 刘翠霞，顾理辉．“行动者”的缺席：当代中国公民社会研究理路的反思．南通大学学报（社会科学版），2009（11）

[10] 刘谦，赵华鑫．目前我国流动人口服务管理实践的基本模式和特征．北京联合大学学报（人文社会科学版），2010（2）

[11] 鲁伟．从广东增城群体事件看社会管理．财经，2011 - 12 - 4

[12] 许海，唐远清．群体性事件本质、成因及防治的舆论学解析．当代传播，2011（4）

[13] 于建嵘．利益表达、法定秩序与社会习惯——对当代中国农民维权抗争行为取向的实证研究．中国农村观察，2007（6）

[14] 于建嵘．中国农村群体性突发事件研究．山东科技大学学报（社会科学版），2002（4）

[15] 张荆红．价值主导性群体事件中参与主体的行动逻辑．社会，2011（31）

[16] 郑凤田，刘杰．从群体性意见到群体性事件：一个观念的澄清——基于贵州瓮安、湖北石首、河北威县的调查．中国农村观察，2010（5）

[17] 丁元竹．中国社会管理的理论建构．学术月刊，2008（2）

[18] 任远，邬民乐．城市流动人口的社会融合：文献述评．人口研究，2006（3）

[19] 王春光．流动中的社会网络：温州人在巴黎和北京的行动方式．社会学研究，2000（3）

[20] 蔡昉．中国流动人口问题．郑州：河南人民出版社，2000

[21] 马国芳，何润宝．国外政府社会管理和公共服务发展新趋势及其启示．云南财贸学院学报，2010（3）

[22] 李军鹏．公共服务型政府建设指南．北京：中共党史出版社，2005

[23] 俞可平．全球治理引论．马克思主义与现实，2002（1）

[24] 李军鹏．论中国政府社会管理的成就、问题与对策．湖北行政学院学报，2005（1）

[25] 刘瑞、武少俊、王玉清．社会发展中的宏观管理．北京：中国人民大学出版社，2005

[26] 安东尼·吉登斯．第三条道路：社会民主主义的复兴．北京：北京大学出版社，2000

[27] 王长江．中国政治文明视野下的党的执政能力建设．上海：上海人民出版社，2005

[28] R. A. W. Rhodes. The New Governance：Governing without Government. *Political Studies*. vol. 44，1996，652 ~ 667

[29] 中国行政管理学会课题组．我国转型期群体性突发事件主要特点、原因及政府对策研究．中国行政管理，2002（5）

[30] 王天敏．企业群体性事件的特点和预防．集团经济研究，2005（2）

[31] 陈丽华．群体性突发事件产生的根源、特征及防范．党政干部学刊，2002（7）

[32] 张百杰．转型期中国群体性事件研究：基于法社会学的研究视角．吉林大学博士学位论文．2011

[33] 刘谦．构建服务与管理并重的流动人口社会管理体制．人民日报，2010 年 2 月 10 日

[34] 丛梅．服务于管理并重：以梯度累进制促流动人口社会融合．中国社会科学报，2012（281）

[35] 王勇．中国特色社会主义社会管理研究．天津师范大学博士学位论文，2010

[36] 邱国盛．现代化与中国大城市外来人口管理研究．华东师范大学博士后研究工作报告，2005

[37] 朱力．我国社会阶层结构演化的趋势．社会科学研究，2005（5）

[38] 刘超．群体性事件研究．中国政法大学博士学位论文，2009

[39] 谢海军．领导干部应对“无直接利益冲突”群体性事件的治理机制．中共石家庄市委党校学报，2011（4）

[40] 于水，李煜玘．农民工群体性事件的影响因素——对苏南地区农民工的调查．华南农业大学学报（社会科学版），2010（4）

[41] 颜湘容．浅析群体性事件与网络舆情控制．改革与开放，2011（1）

[42] 晏鸿鹰．浅议良好的沟通促进政府公信力提升——以群体性事件为视角．改革与开放，2010（4）

[43] 王来华．群体性突发事件中的舆情处理．决策，2007（2）